浅川嘉富
保江邦夫
令和弐年天命会談

金龍様最後の御神託と
宇宙艦隊司令官アシュターの緊急指令

明窓出版

序　文

浅川嘉富

昨年（令和元年）の年末、明窓出版の麻生社長から電話があり、ノートルダム清心女子大学の名誉教授である保江邦夫博士とお伺いするので、対談をしていただきたいとの要請を受けました。

最近は講演会や対談などはしないことにしていたので、お断りしようとしたのですが、ぜひにということでお受けすることにしました。そんなことで、令和弐年一月末のお二人の来訪時には、私の書斎でゆっくりと対談させていただくことになった次第です。

私の読者はご存知のことと思いますが、昔から私は先生とか教授という肩書きを持たれる方は大の苦手で、スピリチュアル的な話はまったくしたことはありませんでした。

しかし、ご来訪いただいた保江博士は気さくな方で、私がこれまでに探求してきた人類や地球の歴史、宇宙や精神世界にも精通しておられたので、気持ちよく、気楽にお話しさせていただくことができました。

そればかりか、私の知らない分野の貴重なお話を聞かせていただくこともでき、大変有意義な対談となりました。

何より驚いたのは、保江博士は小学生のときにＵＦＯとコンタクトしたことがあったり、龍神様とも縁が深かったりしたことでした。ＵＦＯとのコンタクトは、私が15歳のとき、実家の庭先でＵＦＯに飛んでもらったのとほぼ同じ頃だったようです。

まだその頃は、宇宙船を目撃したりコンタクトを取るなどということは、極めて稀《まれ》な時代だったことを考えると、お互いに宇宙から来た魂同士ということで、つながりが深かった可能性は大きそうです。


今回の対談で、私がお伝えした話の中には、私が20年前に職を辞した後、世界に飛び出して謎の遺跡を探索している最中に体験した不思議な出来事や、ペトロ・ホボット氏やマウリッツオ・カヴァーロ氏、さらにはマヤの長老であるドン・アレハンドロ氏やワイタハの長老・ポロハウ氏などとの不思議な出会いの裏に秘められた、現代科学では説明できない「縁の力」についての話などが含まれています。

また、保江博士の話の中には、現在、危機的な状況に陥っている皇室の実態や、５Ｇ（第5世代移動通信システム）やスマホによって、ＡＩ（人工知能）のネットワークが完備されようとしていることに対する警報、さらにこれまでにご自身が経験されてきた数々の不思議な体験談などが含まれていますので、ぜひ、最後までしっかり読んでいただき、迫り来る未曽有の世界を乗り切るのに役立てていただけたらと思っています。

昨今、世の中は想像を絶するような異変が次々と発生し、家から外へ出ることもままならぬ事態となってきています。それだけに、この時期に本書を世に出すことになったのには、なにか深い意味があることは間違いないはずです。

今は、「たまたま」とか「偶然」ということは存在しないときだけに、しっかり読んでいただいて、読後に徳乃蔵にご来館いただいた折にでも、本書に対するご感想をお聞かせいただけたらと思っています。

浅川嘉富・保江邦夫 令和弐年天命会談
金龍様最後の御神託と宇宙艦隊司令官アシュターの緊急指令

第二章　「神様はリセットボタンを押しかけている」——天が伝える本当のメッセージ

第三章　地球のアセンションと魂の抹消

第一章　金龍様と、宇宙艦隊司令官アシュターからの指令

（対談場所　浅川嘉富先生の自宅の書斎）

エジプトのテロ発生時に訪れたピラミッド

保江　浅川先生、本日はよろしくお願いいたします。お目にかかれて光栄です。

このオフィスからの眺めは、とても素晴らしいですね。富士山がこんなに目の前に大きく見えて。

浅川　こちらこそ、よろしくお願いいたします。

ここ小淵沢は、八ヶ岳南麓の町ですが、富士山だけでなく、甲斐駒ケ岳や南アルプスも雄大に見えるでしょう？

積雪の景観はその美しさが一段と映《は》えますね。

保江　本当ですね、心洗われます。

ところで、部屋に飾られているこの写真は、エジプトで撮影されたものですね。ご自身で撮られたんですか？

浅川　はい、飾ってある写真は皆、私自身で撮影したものです。エジプトの写真を撮影したのは、たまたますごい事件の起きたときでした。

保江　あの、戒厳令が敷かれたときですか？

僕もそのときの話は、「奇跡のリンゴ」を作った青森の木村秋則さんからうかがいました。

エジプトのギザの大ピラミッドの地下に、それまでは知られていなかったプールが見つかって、しかもその水が凍っていたと。

そして、それを解析するためにアメリカの研究チームがデータを取る必要があり、観光客が来ないように、戒厳令を敷かせたということなのです。

エジプト軍にはアメリカからの支援物資などがけっこう入るので、アメリカを優遇するんですね。それで、戒厳令を敷いて部外者を締め出したわけです。

早稲田大学の吉村作治先生も、そのときばかりは半年間ほど日本に帰ってほしいと言われたようです。あの方は、日本のＯＤＡ（政府開発援助）などの窓口になっているから、どんなことがあっても締め出されるようなことはまずないのにです。

吉村先生が、エジプト軍の幹部の人たちに、いったいなにが起きたのかと聞いたら、大ピラミッドの地下での発見について教えられたそうなんです。

その水の結晶に情報が書き込まれている可能性があるので、アメリカの研究チームが半年かけて、レーザースキャンで全部、読み取ることになったといいます。

吉村先生がそのことを、木村さんに伝えられたんですね。

浅川　そうですか。
でも、私が行ったのはその大変な発見が行われた戒厳令のときではなくて、2001年の年末に外国人観光客を襲撃したテロが起きたときのほうなんです。

保江　日本人観光客も射殺された、あの事件ですか。

浅川　はい。その事件をニュースで見た瞬間に、現地に行こうと思い立ちました。

観光客が少ないときの遺跡探索は、またとないチャンスですからね。

飛行機に乗ったら、その事件のためにほとんど乗客がいなかったせいか、エコノミークラスのチケットで搭乗していたにもかかわらず、ファーストクラスに座らせてくれたんです。もちろん料理も全部、ファーストクラスで、それは優雅なものでした。

それに、現地に着いてピラミッドに向かっている最中は、前後3台ずつのパトカーが誘導し

エジプト探索１

エジプト探索２（人の姿が消えたピラミッド遺跡）

てくれました。

政府要人が行っても、そこまではしてもらえないような警護でした。

現場は封鎖されていて、観光客以外は誰も入れないような状態でした。

それに、観光客もわずかでしたので、サービススタッフは、みんな手持ち無沙汰だったこともあって、あらゆるサービスをしてくれましたよ。

おかげで、ピラミッドの中や地下も、貸切状態で入れました。

それに、大ピラミッドの石段を登るのも許してくれたんです。

保江　ピラミッドの外壁を登られたんですか。あれはけっこうしんどいですよね。

浅川　はい、かなりしんどかったですよ。
登るのはまだいいんですけれども、降りるのがしんどい。

保江　積んである一つ一つの石が大きいから、なかなか大変ですよね。

浅川　はい。前向きで普通に降りたら危険ですから、後ろ向きで腹ばいの状態で降りました。

きつかったですね、本当に。でも貴重な体験でした。

保江　他の人がいないときに訪れるのは、いいものですよね。でも、テロの直後に行かれるなんて、度胸がすごいです。

浅川　ええ、そのタイミングを狙って行ったんです。ガードマンがたくさんいて目を光らせていましたが、なにか自分が特別にしたいことがあったときに一番いい方法は、「ポケットから財布を出す」ということです。目立つように、大げさに出すのがポイントです。そして財布の中からお金を出して数えたりする。そうすると、ガードマンたちが、パッと集まってくるんです。そこで、10ドル札を1枚なり2枚ずつ渡すと、何をしても見て見ぬふりをしてくれます。外壁を登ったときなんて、後ろからお尻を押してくれたほどでした。あれで少しは楽でしたね。

保江　観光客がたくさんいるときでしたが、僕もエジプトに行きました。そのときに、「AK47」通称「カラシニコフ」というテロリストがよく使う自動小銃を持った警察官がいました。それを触ってみたかったので、1ドル渡してみたら触らせてくれたんです。構えたりもして、おもちゃ扱い（笑）。お金で交渉すると、本当に効きますよね。

マチュピチュ遺跡

命をかけて撮影したナスカ地上絵

浅川　ペルーのマチュピチュにも数えきれないぐらい行っていますが、マチュピチュは通常、一夜を過ごすことはできないんですね。当局が許可しませんから。

でも、私は一晩だけでも、どうしてもマチュピチュで過ごしたいと思っていたんですね。

そんな希望が叶《かな》えられたのは、お金ではなく、友人の手助けがあったからです。そのおかげで許可が下りたんです。その夜に見た南十字星は、南極やアマゾンで見たのと同じくらい美しく、深い思い出になっています。

保江　南極も行かれたんですか。

浅川　北極も南極も。世界中をけっこう飛び回っていましたから。

保江　マチュピチュで夜を過ごせた経緯《いきさつ》をお話しいただけますか。

浅川　はい。当時、ペルーでの面倒を見てくれる男がいたんですよ。現在も友好関係は続いていますが、彼は、ペルーで活躍するミュージシャンで有名な芸能人であり、芸術家でした。

運良くその男とめぐり合ったのが、すべての元になっているんです。

彼の奥さんは「尚子さん」といって、クスコに住んでいたんですが、その彼女に、「マチュピチュで一泊したいと思っているんですが、どうしても断られてしまうんです。なんとかなりませんかね」と相談したところ、「私が交渉してみましょう」と言ってくれました。

「無理だと思うよ」と言ったんですが、「なんでもやってみなくてはわかりませんから」と言うんですよ。

その後、しばらくして「ようやく成功しました」と電話がきました。

「マチュピチュで一泊する期日は決めてきましたから、その頃に合わせて来てください」と言うじゃないですか。

どうやってOKになったのかとお聞きしたら、やはり何度も断られたと言っていました。3

回行って、3回とも。

ただ、あちら側の担当者がアマゾンの出身で、しかも彼の妻と子供がまだそこに住んでいるということを聞き出すことができたそうです。話を聞くと、その子が通っている学校が、たまたま私がサポートして作った学校の一つだったんです。

最後となった3回目の交渉では、担当者に机を叩かれて、

「大学の先生でも研究者でもない。一般の人間に、宿泊する許可を出せるわけがないでしょう」と断られたようです。

そのとき、尚子さんも机を叩いて、やり返したといいます。

「あなた、なにを言っているの。この男性がジャングルに住んでいる人たちにとってどれだけ大事な人かわからないの。

さっき、あなたは子供たちが学校に行けるようになったと、自慢していたでしょう。その学校を作ってくれたのは、この日本人。この、浅川嘉富さんなんですよ」と。

その途端に、担当者は上司のところに飛んで行き、直談判して許可を取ってくれたそうです。

本当に、人間というのは人生を振り返ってみると、結局みんな、こういう不思議なつながりで導かれているんですね。

あなたも、ご著書の『祈りが護る國』（明窓出版）を読ませていただいてわかりましたが、あれだけの旅を命がけでやっておられる。危険な目にもたくさん遭っている。でも、使命があるから守られているんですね。そうでない人が興味本位で行っていたら、そうはうまくはいかないですよ。

保江　そうです。本当にそう思います。

浅川　ナスカの地上絵を撮影したときには、ヘリコプターに乗って上空数百メートルの高さから機外に出て撮ったんです。最初、パイロットは「なんでそこまでするんだ」と言っていました。「だって、真上からでなければ、正確な写真は撮れないでしょ」と言ったら、パイロットは、「地上絵にできるだけ近づいて回転飛行をしているから、機内からでもちゃんと撮れるはずだ」と反発。いつまで言い合ってもらちが明かないので、

「それじゃあ、ヘリの底に穴を開けさせてくれ！」と言ったら、

「そんなことができるわけがないだろう」とあきれていました。

そんな押し問答を繰り返していたら、機長が突然、しばらく私の顔をまじまじと見つめて、「あなたほど覚悟を持って探索する男が、この世にいるとは思わなかった。あなたがそこま

地上絵１（滑走路状の長大な模様が何本も描かれている）

地上絵２（岩山を削って造られた巨大な模様）

ヘリの機外から地上絵を撮影

で命がけでやるなら、私も覚悟を決めてやろうじゃないか」と言ってくれたんです。

その後、私を乗せたヘリは、地上絵の真上を飛んでくれました。私はヘリの外に出て着陸用の台に足を乗せ身を乗り出して撮ったんです。まさに命がけ、肩に掛けたベルトが外れたら一巻の終わりです。

こうして、太古の時代に描かれた貴重な「ナスカの地上絵」の姿を真上から正確に撮ることができたというわけです。

なぜそこまでして撮影する必要があったのかといいますと、ナスカの地上絵は学者が言っているように千数百年前に、ナスカ人たちが祭りごとに利用するために描いたものではなかったからです。
それよりはるかに古い時代、おそらく数千年、もしくは1、2万年前にアマゾンやアンデスに住んでいたシャーマンたちが、波動の高いナスカ一帯に出向かなくても祈りが成就できるように、自分を象徴するハチドリや猿やコンドル、蜘蛛やクジラなどの絵を描いて、そこに想念を送っていたのです。

また、私が特別のご縁で撮影することができた巨大な幾何学模様や、岩山を削って作った巨大な滑走路上の地上絵は、当時使っていた飛行体の発着に使っていたのかもしれません。少なくとも、それらの絵が千数百年前のナスカ人によって描かれたという説はまったくの嘘ごとです。

今のナスカ人たちが住むようになった後に、彼らによって描かれた絵も残されていますが、それらは皆、比較にならないほどちゃちな絵ばかりです。実はそのお粗末な絵を、我が国のある大学の先生たちが研究しているのですから、お笑い草《ぐさ》です。

私の遺跡探索は皆、こんなふうに命がけでやって来ていますから、大学教授であろうがノーベル賞受賞者であろうが、なにも知らないくせに偉そうなことを言う奴には、気後れせずに、

「黙って聞け、この野郎」とタンカが切れるんです。命がけでやっていなかったら、そんなことは言えないですよね。

保江　おっしゃるとおりですよね。たいてい、上空から撮った写真は機体の一部が写ったり、ヘリコプターの場合はローターの影が写り込んでしまいますよね。

浅川　自分でも、今考えるとよくあんなバカなことをしたものだと、思うことがよくあります。私はこのように、無我夢中になることがよくあって、それは、良いような、悪いような性格なんですよね（笑）。

だから、あなたが命を狙われながらも、アメリカのネバダ州南部にあるアメリカ空軍の秘密軍事基地「エリア51」で大冒険をしたなんていうのも、普通はお金を積まれたってできませんよ（**編集注　エリア51は、UFOの目撃情報も多く、宇宙人の極秘研究が行われているのではないかと言われる謎の多い地域**）。大したものだと思いますよ。私はあの記事を読んだとき、一瞬、心が震えるようでした。

保江　そうですね。確かに先生がおっしゃるように、「エリア51」にもなぜか4回行っています。危ないとわかっていても、行きたいと思うともう、止まらないんですね。

浅川　日本人でそんなことをした人は他にいませんよ。私の向こう見ずなところと同じですね。

だから私は、なにもしていない奴が偉そうな本を書いているのを読むと、反吐《へど》が出ると言うんです。

ただ、人の資料を書き写したり、自分の空想で書いたりしているでしょう。あんなのはダメです。

だから、ヒカルランドの石井社長には、「そういう奴の本は絶対に出しちゃダメだよ」と何度も言ってきました。

「そんなことをしたら、会社がおかしくなるよ」、と。

あの出版社は小規模だけれどきちんと運営できているのは、私の龍蛇族の本『龍蛇族直系の日本人よ！』『世界に散った日本人よ！』の2冊を出版したことが、多分に寄与しているようです。それまで誰も書けなかったような、すごいことが書いてありますからね。

あなたの本も読ませてもらいましたけれども、とにかく同類項だなと思いました。

ところで、あなたは何年生まれですか？

保江　昭和26年です。

浅川　じゃあ、ちょうど10年違いだ。私は16年で、もうすぐ80歳ですから。

保江　とてもお若く見えますね。肌がツヤツヤしていらっしゃる。

浅川　ツヤツヤしているのは頭のてっぺんのほうではないですか（笑）。

でも、日本人でそんなことをやっているあなたのような人がいるというのは、私は本当に知りませんでした。

あなたはいつぐらいから、そんな冒険を始めたんですか？

初めての接近遭遇

保江　僕は子供の頃から、いろいろと不思議な体験をしていたんですね。

岡山育ちなんですが、小学校2年生のときに、たまたまオレンジ色の、いわゆる葉巻型ＵＦ

Oというのを見ました。

当時は、UFOという概念自体を知らなかったので、「なんだあれは?」となり、探求していくうちに、とにかくUFOと宇宙人にはまってしまったんです。

浅川　それを見たのは、何年頃になりますか。

保江　1951年生まれですから、1958年から1960年ぐらいですね。

浅川　そうですか。私が最初に見たのは予備校時代ですが、あなたと10歳違いであることを考えると、ちょうど同じ頃だったようですね。

私の場合は、こちらからコンタクトしたんです。

あなたもよくご承知のことと思いますが、日本で初めてUFOや空飛ぶ円盤、フライングソーサーといった飛行体の研究団体ができたのが、ちょうどその頃なんです。

その団体の名称は、英語の頭文字を取って、「CBA」と言いました。コズミック・ブラザーフッド・アソシエーション(Cosmic Brotherhood Association)の略です。日本語で言えば、宇宙友好協会。

その団体の中では、私は一番の若年者だったんです。みんな35、6歳なのに、私はまだ20歳になる前でしたから。

そういう意味では、私は日本人の中でＵＦＯなどの研究を一番長くやっている一人だと思います。

その時期は、ちょうどアダムスキーという「空飛ぶ円盤」を目撃したアメリカ人の本が出版された頃でした。

また、ウィリアムスンという人が、宇宙交信機と呼ばれたマシーンを利用して、宇宙人と交信をしていると聞きました。

ウィリアムスンにも質問できるチャンスがあったので、

「機械を使わなくても交信できる方法はないですか」とお聞きしたら、

「テレパシーというのがある」と答えてくれたんです。

アメリカ人にできるなら、日本人でも交信できるはずだと確信めいた気持ちを抱きました。

そこで、12月の冬休みの最中、気温がマイナス15度ぐらいの寒い夜に外に出て、1週間かけて交信をしようとトライしました。

すると、ＵＦＯらしき物体が飛ぶには飛ぶんだけれど、それが宇宙から来ている宇宙船であると確信を持てるほどのものではなかったんです。

とにかく、まずは1週間は続けてみようと頑張りました。
当家は、江戸時代から続くきわめて古い家柄ですので、その家に生まれて婿を取ったお袋に
UFOを観測するんだなんて言っていたら、「バカなことをするんじゃないよ、家名が汚れる
から」なんて言いそうなものじゃないですか。
それが、「それは面白そうだね、嘉富、頑張ってやんなさい」と、夜中の12時頃まで付き合っ
て起きていて、お茶を出してくれたりしたんです。
1週間ほど試し続けたのに確信を持てなかったので、もう無理かなと半ば諦めて、これでダ
メならもう止めようと思いつつ、庭先で空を見上げながら立小便をしていたときです。
赤から青に色を変えながら飛ぶ物体が見えたので、「あ、来たな」と思いました。
ただ、「なんでこんなタイミングで飛ぶんだ！」、と思って、
「お前たちはいったいなんなんだ。人が小便してるときに飛ばなくてもいいだろう。1週間
もやってきているのに、どうせ飛ぶんだったら、もっと早くから飛べよ！」と言ってやったん
です。
なにしろ私はこの性分ですからね、宇宙人だろうがなんだろうが、四の五の言うようなら、
怒鳴り返してやろうと思っていたんです。

続けて、

「今は八ヶ岳の方を向いているので、さっきと同じような角度でいいから、はっきりともう一度、姿を見せてくれ」と、テレパシーを発信したんです。

けれども10分、15分しても飛ばない……。

諦めかけたそのとき、赤から青へと色を変えながらスーッと近づいてきて、上空でパッと止まったんです。

「うわーっ」と思うのと同時に、初めて向こうからテレパシーが来ました。

「あなたの望みを叶えてあげるから、よく見ておきなさい」と。

もうこちらは、言葉にも詰まって返答できない状態で、

「わかった。よろしくお願いします」とかろうじて返答したように覚えています。

そうしたら、目が釘付けになっている中、UFOがWの字を書くように飛んでくれたんです。

その飛び方を見ると、それが流れ星でも航空機でもないことは、一目瞭然。

「うわーっ」と思った途端にまた、

「お前の希望は叶えられただろう」とテレパシーが来たので、

「はい。ありがとうございました」と答えました。すると、

「この経験を、これから先に役立てなさい」と言って、すっと消えていったんです。

おそらく、あれだけはっきりとＵＦＯを見たりコンタクトした人は、あの当時ではまだ誰もいなかったと思いますよ。

私もあなたと同じく理科系の人間だから、具体的な「確証」をつかまないと、納得できないタイプなんです。

私がこういう人間だと察してくれたから、とにかくこいつにはしっかり見せておこうということで、目の前を飛んできてくれたと思うんですね。

その後、学校で、このことをみんなに話してみたんです。

「宇宙には人類と同様の存在がたくさんいて、コンタクトもとれるんだよ。昔の人たちもコンタクトはしてきたようだよ」と。

けれども、誰一人としてＵＦＯの存在を認めようとせず、バカにして笑っていました。

それどころか先生たちには、

「そんなことをやっていたら、学校の成績は下がる一方だぞ」と説教じみたことまで言われました。

実際、先生たちは私のことを、「くだらないことに興味を持つしょうもない奴だ！」と思っていたようです。

こんなことがあってからは、「先生なんて頭は良くても人間的なレベルは低いんだな」、と思うようになってしまいました。

保江　向こうから発せられるテレパシーというのは、自分の頭の中に響くんですか。

それともなにか、別の形ですか？

浅川　伝えんとする意識がそのまま伝わってくるんです。言葉とか、具体的な表現ではないんです。

こうした体験から、それ以後、自分でもテレパシーでＵＦＯを呼ぶくらいのことはできるかもしれないと思うようになりました。

それまでは、交信ができるなんて考えてもいなかったんですよ。だって、１９６０年代前後の時代なんていったら、テレパシーなんていう概念は、ありえない話、そんなことできると思っているような奴はバカじゃないかという時代でしたからね。

しかし、そのときの体験が、「この世の中なんて嘘だらけなんだ！」と、はっきりと認識するきっかけとなったことは確かです。

その後、ＣＢＡも途中からおかしくなったので抜けました。団体として活動をしていると、おかしくなるものです。早めに抜けたことは、よかったと思います。
もしも、のめり込んでしまっていたら、一途《いちず》になりすぎて、視野が狭くなって道を間違えていたかもしれませんから。

保江　確かに、団体とか組織に入ってしまったら、いろいろと難しくなりますよね。

浅川　ＵＦＯの研究家と称する人はたくさんいますが、ただ、あなたみたいに命がけでやった人間なんてそうはいない。まあ、大変なことですよ。

保江　ありがとうございます。
「エリア51」での出来事は、ちょうど服部君という日本の高校生がアメリカで射殺された事件が起きた直後ですから、いつ僕もやられるかもしれないという緊張感がありました。
今思えば、本当に怖いもの知らずで、自分でもよく行ったと思います。

浅川　怖いもの知らずじゃなかったらできないですよ。
それでも、守られるべき人は、絶対に天が守ってくれる。

わかるでしょう、そういうことなんです。

保江　はい、それはわかります。

浅川　遊び半分や興味本位でやっていたのでは、天も守ってはくれません。役割を持って生まれてきている人であれば、天は全部わかっている。もしもそれがわからないような上だったら、天とか上とは言わない。それは下というのです（笑）。

だから、あなたの本を読ませてもらっている間中ずっと、自分がやってきた体験と重ねて読んでいました。

保江　光栄です。ありがとうございます。

そういえば昨日、出版社から新刊が送られてきました。

バシャールの霊を降ろすアメリカ人チャネラーと、その人経由でバシャールと日本人のユーチューバーの方がコンタクトしたという内容の本です。

なにか参考になるかなと思って、昨日、電車の中で読んでみたんですけれども、極めてありきたりのようなことしか書いていなくて。

バシャールほどの人との対話が、この程度のことなのかなと、ちょっとびっくりしました。このことだけでなく、今、世の中一般の人は、本当にごくごく表面的なところだけで理解したような気になってしまっている。

真実は、ますますぼやかされてきていますね。


浅川　あなたの言われるとおりです。私もバシャールには、以前から信頼をおいていませんでした。

それにしても、あなたみたいに、真実や裏を知っていて真偽の判断ができるというのは強みですね。

それは大事なことですよ。

宇宙艦隊司令官、アシュターからの緊急指令！

保江　昨年、大嘗祭《だいじょうさい》が11月14、15日で終わってから、なにか、世の中が大きく変わったなと思いました。

「神様」と表現するとしますと、神様が優しくなったと。

以前の神様は厳しくて、そう簡単には動いてくださらなかった。

でも、大嘗祭が無事に終わってからは、なんだか神様が優しいと思える出来事がいくつもあったんですね。

その11月末から12月1月にかけて、目白押しだったのです。

その中で、僕もこのバシャールのように、チャネリングで話を聞かせてもらった経験は過去に一度しかなかったんですが、それ以降に初めて体験したことがありました。

11月20日でした。僕が岡山の女子大で教えていたときの学生が、移住先のロンドンから里帰りをして、わざわざ僕に会いにきたのです。

面倒だし、できるだけそうした機会は避けていたのですが、卒業生は大事にと前から言われているので、やはり会うことにしました。

その卒業生が再びロンドンに帰る前日、東京の白金にある馴染みのレストランで会うことになったのです。

最近女子大を卒業して近所に住んでいる女性も、一緒に呼んでおきました。

注文を終えて、お店の人も奥に下がったとき、ロンドンから来た卒業生が、座ったまま急に身体をくねらせてタコ踊りのような動きをし始めたものですから、もうびっくりして。隣にいた卒業生も驚いていました。

少ししたら、それまでの女性の口調から男の口調に、声のトーンも男のように低く変わってしまう。そして、

「私は今、シリウスの連星であるシリウスBの周回軌道上にいる、宇宙艦隊の司令官、アシュターだ」と言いだしました。

「緊急の指令を伝えるために、この者の身体を借りている」と言うんです。

僕は、すごくびっくりしました。

というのも、今から7~8年ぐらい前に、霊能力のある二人の女性に、別々に会う機会があったんです。この二人の間には、面識はありませんでした。

この二人ともに、僕が宇宙艦隊司令官のアシュターの魂を受け継いでいると言われたのです。

だから、「アシュターは俺なんだけど」と思ってはみたのですが、その女性にはなにも伝えませんでした。

すると、僕の考えを読み取ったのか、アシュターの声で、

「もちろんそうだ。今、地球上に生きている人間の中で、アシュターの魂を受け継いでいるのはお前だけだ」と答えました。

ただし、シリウスBにいるのがアシュターの本体だということなのです。その本体が、僕に

緊急指令を伝えるために、卒業生の身体を使っているんだと。

それでも僕は一応、先生がおっしゃったように理科系の、特に物理学者ですからね。「眉唾《まゆつば》ものだな」と思い、しばらく様子を見ようと、いろいろと話を聞いてみました。

途中、店の人が料理を持ってきたりしましたが、結局3時間にわたり、たんたんと話をし続けました。

ドクターストップされているので、僕は今、あまりお酒を飲まないのですが、その人が本物だとだんだん確信が強まってくると、嬉しくてワインを2本も空けてしまいました（笑）。

そのアシュターも、よく飲むのです。時折、女性自身に戻るときはあまり飲みません。でも、アシュターのときはガンガン飲んで、ガンガンお肉を食べていました。

「地球人の身体で食べたり飲んだりする地球の食べ物や酒は、ものすごくうまいんだよ」とか言いながら、もう食べるわ飲むわで。

途中から僕は、高次元の司令官と話せているのが涙が出てくるぐらい嬉しくなったので、お互いの肘を絡ませてワイングラスを傾けたり、敬礼したり、握手したりしました。

3時間くらいたって、

「そろそろ俺、帰るわ」とアシュターが言い、

「これからも、ちょくちょくこの者の身体を使ってお前に伝えたいことがあるから、次回も

よろしく」と帰っていきました。

帰るときに、僕はパッと立って敬礼し、ハグしていました。本当は、相手は女性ですから、普段はもちろんそんなことしないんですが。

アシュターはいろんなことを教えてくれて、とても勉強になりました。

本当にいい体験でしたから、これも神様の優しさかな、と思っています。

浅川　どんなお話をされたんですか？

神を阻むもの――AIネットワークの危険性

保江　とにかく、その時点での来年、つまり今年、令和2年ですが、この1年が一番大事だということです。

今年1年きっちり、世の平和を守っていかないと、今までの努力が水の泡に帰すと言われました。

それに、天皇陛下をお守りするというお役目についても、さらに、もっともっと努力しろと。

「もう少し具体的に教えてもらえないですか」とお願いしましたら、また別の機会に別の者が伝えると言います。

その日、自宅に戻ったのが夜の11時半頃でしたが、もう興奮して眠れません。眠れないまま、メールチェックなどしていたところ、午前2時頃、そんな深夜にもかかわらずメール着信がありました。

こんな時間に誰だろうと思ったら、イタリアのフィレンツェに滞在している、はせくらみゆきさんでした。

この方は作家さんでもあり、とてもきれいでスピリチュアルな絵を描く女性です。

彼女は霊媒体質で、4年前の話ですが、僕の目の前で突然、僕が昔お世話になった、すでに亡くなられているスペイン人の神父様が降りてこられました。親身になって、僕にいろいろなアドバイスをしてくださった方です。

彼女は霊を降ろしたとき、自分の意識はなくなり、もう真っ白になるようです。

だから、「今誰がやってきたの？　なにがあったの？」と後で聞いてきます。

その彼女からの深夜のメールで、「今イタリアのフィレンツェにいるんだけれども、以前あなたと会っていたときに降りてきたその神父様が現れて、スペインのモンセラート修道院に来いと言われたので行ってきた」と伝えてきたのです。

そして、「自分はエスタニスラウという修道士で、保江に伝えたいことがあるからよろしく頼む」とも。

それで彼女は、「あのとき、自分に降りてきたスペイン人の神父様は、モンセラート修道院のエスタニスラウ神父様なのか」とメールで聞いてきたわけです。

「そのとおりです」と返信したら、「やっぱり」と。

伝言を聞いてきたから、正月に一時帰国するときに、ぜひ僕と会って直接伝えたいということでした。伝言は、電話やメールで伝えるのはよくないからということなので、今年の1月4日に再び、はせくらさんと都内中心部で会いました。

すると、エスタニスラウ神父様からの伝言も、11月20日に降りてきたあの宇宙艦隊司令官アシュターが僕に言っていたことと同じ内容だったのです。

「今年、2020年が大事」なんだと。

特に、今の平和を維持するために、お前は今まで以上に頑張らなくちゃいけないというのです。

だから、こうやって浅川先生とお会いするのも、明窓出版の社長さんの企画ではありますが、やはり神仕組みではないでしょうか。

それで、平和を乱す者、警戒すべき相手の正体ぐらいは知っておきたいと思って、具体的に聞いてみたのです。

すると、アシュターは特に答えを言わなかったのですが、エスタニスラウ神父様は教えてくれました。

今年、５Ｇ（編集注　第5世代移動通信システム）のサービスが開始され、スマートフォン（スマホ）のネットワークがより高性能になりますね。

それによって、地球全体にＡＩのネットワークが完備されてしまう。

そうすると、今まで人間は上を見ると神様を感じることができていたのに、その間にＡＩのネットワークが張られてしまって、みんなＡＩを神様だと思い始めていると。

だから、そうならないようにしなくてはいけない、そんなふうに言われました。

「キリスト教でいう反キリスト者は、実はＡＩである。みんなＡＩやスマホを見て、その中に神様を見つけようとしてしまう。

そこで見つかる神様は、実はキリストではなくて、反キリスト者なのです」と。

でも、人類はもはや、ほぼ全員がスマホに依存しているような状況で、今さらスマホを捨てろとは絶対に言えない。誰も言うことをきかないに決まっていますしね。

「どうすればいいんですか」と聞いたら、

「スマホに注目している人間の認識すべてを、もっと外の世界に向けさせなさい」と言います。

浅川先生のように、ピラミッドやマチュピチュなど、実際に何度も現場に行って、初めてわかることがあると思います。

刑事ではないけれども、現場に10回も100回も行って、初めてわかることがある。気持ちをずっと真摯に神様に向けて、やっとその御心に触れることができる。それを、スマホなどでは、手軽にわかった気になってしまうんですね。

浅川　なるほど、理解できるお話ですね。また、今AIのネットワークが完備されようとしているわけですから、大変重要な話だと思います。

家康の想いを封じる謎の切り紙

保江　だから、

「その状況を打破しなくてはいけない」と言われました。

「なにかそういうときに武器になるものはないんですか。丸腰では戦えませんよ」と聞いたら、

「反キリスト者、悪いもの、魔物、悪魔ですら仲間にして調和し、平和で平穏な世の中を勝ち取らなくてはいけない。

悪いものをつぶしたり、戦うのではない。理解できないもの、悪いものもみんな調和し受け

入れて、それで初めてＡＩに対抗できる」と言うのです。

このとき、はせくらさんにお会いしたのが、1月4日だったのです。

翌日5日に、たまたま岡山まで車を一台運ばなくてはいけないという事情がありました。

夜8時半頃に東京を出発し、東名高速を走って、深夜12時頃には、愛知県の辺りを走っていました。

どこかホテルに泊まろうと思って、地図を見ました。東名高速の岡崎インターからすぐに、岡崎市という小さな町があるのですが、ここならホテルぐらいあるだろうと降りてみると、案の定、市の中心部にすぐに見つかりました。

次の日の朝、窓を開けたら、岡崎城が真ん前にあるじゃないですか。

誰が築城したとか、歴史的なことはあまり知らなかったんですが、行ってみたら徳川家康が生まれたところだと、観光案内に書かれていました。産湯《うぶゆ》に使った井戸も残っていましてね。

そういえば、知り合いが近所にいたなと思って呼び出してみたところ、快《こころよ》く来てくれました。

その日は新大阪まで行く予定だったんですけれども、岡崎インターのすぐそばに、徳川家康の父方である松平家の菩提寺があるということで、一緒に寄ることになりました。

その菩提寺には資料館があり、徳川家康から始まって15代までの将軍それぞれの、等身大のお位牌が並んでいました。背の高さに合わせているということで、とても大きなお位牌です。

家康のものだけは別格で、一番立派なところにありました。

ちょうど家康のお位牌の前に、シャンデリアのような照明があったのですが、そこに、いわゆる陰陽師《おんみょうじ》の安倍晴明《あべのせいめい》などが魔物を具現化するような、切り紙が貼ってあったのです。

なんでこんなところにこんな切り紙があるのかと、すごく不審に思いました。他のお位牌の前にはないのに、なぜかそこにだけ貼ってあって、非常に違和感がありました。

封じ込めるための切り紙だったので、特に良質の用紙ということでもなく、家康のお位牌の前にあるのは、とにかく不自然です。

防犯カメラがあったので、僕がその切り紙を正面から取った場合、逆に僕が貼ったように思われると困ると思い、同行していた人に頼んで、防犯カメラと僕の間でジャンプしてもらいました。そのタイミングにうまいこと合わせて、僕はパッと切り紙を取ってしまったのです。

徳川家康は、日本の戦国の世を初めて上手に治めて、260年もの間、平和を維持しました。世界的に見ても、これほどの長期、平和だった歴史はないと言われていますよね。

家康は、とにかく日本を平和のままにしておきたいという想いが強かったようで、その想いは今も連綿と生きているのです。

それなのに、今年が一番大事な年なのにもかかわらず、その家康の想いを封じ込めようという切り紙が貼ってあったのです。しかも、その切り紙は新しいものでした。

お寺の方が言うには、「1月2日からその資料館を開けていたが、2日にはそんな紙はなかった」と。僕が行った6日までの間に、誰かが来て貼ったんですね。

僕は、切り紙を取ってよかったと思っています。ただ、それを適当なところに捨てたり焼いたりすると、また嫌なことが起きるかもしれないので、自分で持ち歩くことにしたのです。

そんな中、1月4日に会っていた、はせくらみゆきさんからまた連絡がありました。

イタリアに戻る前に、もう一度僕に会いたいとのことで、その数日後に会ったのです。

その際に、岡崎城での話をしました。

そうしたら、「あ、わかる、見えた」と言うのです。

「その切り紙に、ものすごい邪念と怨念を持った表と裏がある。平和を維持しようとする家康の気持ちを抑え込もうという、すごく大きな邪念の力が、切り紙の表と裏の両方にあるから気をつけなさい」と言われました。

僕には、思い当たるふしがありました。

実は、切り紙の影響を封じ込めるために、最初は表だけに、大天使ミカエルのお守りを置いていたのです。でもまだ足りない気がして、その裏にも「そしじ」という漢字が記された札を置きました。それは昔、霊能力のある方に書いていただいたものです。

さらに、御嶽山で40年も山にこもって修行したという修験道の行者の方の名刺をいただいて

愛と調和を表す漢字『そしじ』

大天使ミカエルのお守り

いたことも思い出しました。なにかのときに使ってくださいと言われていたものです。

それまで挟んで、やっと気が落ち着きました。それ以来、手帳に挟んでずっと持ち歩いています。

これ、浅川先生だから安心してお目にかけますが、これが大天使ミカエルのお守りで、これが40何年間御嶽山にこもった方の名刺。そして、これが切り紙です。これは、愛と調和を表す『そしじ』という漢字のもともとの形らしいんですね。とにかく、こんなふうにして、なんとか治めています。

ただ、これ自体は、はせくらみゆきさんにお会いしたときには見せていないんです。彼女には話をしただけでした。

「表と裏に、ものすごい霊力があるから気をつけなさい」という言葉に、「ちゃんとこうして挟んで封印しています」と僕が言うと、「それがいいでしょう」と言ってくださいました。

神父様が降りてきたときにも、アシュターにも教えてもらっていたのと同じく、悪魔とか邪鬼とか、魔物とか、そうした闇のものとも調和してこそ、初めてAIのネットワークに対抗できるということでした。

この徳川家康の平和への強い想いを封じ込めようとした切り紙の表と裏にある、ダークサイドの力も必ず役立てて、なんとか今年の平和を維持すると、決意を新たにしたわけです。

キリストが本当に伝えたかったこと

保江　昨年11月に、ローマ教皇が日本に来られました。ローマ教皇は、フランチェスコというお名前ですが、そのフランチェスコの由来になっているのが、アシジの聖フランチェスコです（編集注　中世イタリアにおける最も著名な聖人の一人であり、清貧、悔悛と「神の国」を説いた）。

聖フランチェスコは昔、キリストが磔《はりつけ》になったときと同じ穴の痕、聖痕が手首に出たために、聖人だとされました。

その方が、本来のキリストの教えとして当時のイタリアで広めていたのが、「フランチェスコの三つ組」といいます。

トリプルだから、十字架ではなくて「T」を象徴としています。

その三つ組は、「伸びやかに、軽やかに、あなたのままに」というもの。

これが、本当のキリストの愛の教えです。

この教えはたぶん、浅川先生の人生そのままだと思います。

というのも、先生は世界のあちこちに行って、通常ではありえないようなことをなさっている。

それは、「伸びやかに、軽やかに、あなたのままに」でないとできないでしょう。

実際に、そういう使命を持つ人がいるらしいのです。

だから、「伸びやかに、軽やかに、あなたのままに」生きていると、神様の助けが得られる。

大嘗祭以来、そんなふうに、あっちの見えない穴側からの、または宇宙人側からの、神様側からの接触が、どどっと押し寄せてきています。

浅川　「伸びやかに、軽やかに……」

保江　「あなたのままに」、これがキリスト本来の教えなのですね。

「汝の隣人を愛せよ」とか「汝の敵を愛せよ」という言葉は有名ですが、その愛というのがなかなかわかりにくいものです。

実は、極めて普通に、「伸びやかに、軽やかに、あなたのままに生きる」ということが大切なのです。

ところが、先ほど先生がおっしゃったように、組織とか団体を作ってしまうと、なかなかそうなれなくなってしまう。

浅川　絶対になれない。作った瞬間から、それを維持することに注力することになってしまう。それと同時に、派閥争いが出てくる。

そういう理由で、宗教団体は全部ダメになっています。

今の宗教団体は、すべてダメです。一時《いっとき》は、まっとうな宗教団体も存在していましたが、今はもうそれもダメになりました。

保江　まさにそのとおりだと思います。
伝えられている話では、このアシジの聖フランチェスコが歩くと、犬や猫や、蛇や小鳥や、猛獣までもがみんなついてきて、仲間になったそうです。

金龍様からの司令

保江　ここで、アシュターの緊急指令について、なにが緊急なのかという話に戻ります。

今、講演会などでも人気のあるスピリチュアル系の男性がいます。

僕は面識はないのですが、なんだか、あまり好きではありませんでした。

なんと、その人のことを無視しろ、信じるなという、それがアシュターからの最も重要な緊急指令だったのです。


浅川　やはりそうでしたか。

今、講演会なんてやっている人の中に、これはという人はいません。今はもう、講演会などやっているときではないのです。

私はこれまでに、沖縄から北海道まで450回ほどの講演を行ってきました。

沖縄、福岡、大阪、名古屋、東京、長野、北海道は札幌、帯広などです。

どこの会場も皆、人が増える一方でした。だから、次々と広い会場に代えてもらったのですが、するとさらに参加者が増えてくる。それの繰り返しでした。

みんな熱心に聞いてくれているから、講演だけはまだ5年や10年は続けなくてはいけないだろうなと、ずっと思っていたんです。

でもあるとき、なぜか突然、この辺で講演会ももうストップしたほうがいいんじゃないかと思うようになったんです。

そして、徳乃蔵がオープンした2013年をもって、すべて止めることにしました。

後から金龍様にお聞きしたら、

「お主が思っているほど甘いものではない。東京での講演は120回ほど行っているが、それを全部聞いた人間でも、心の底から理解できている人間なんていないも同然だ」と言うのです。

「それじゃあ、なんで120回も来ている人がいたんですか」とお聞きしたら、

「それは、単に興味本位で来ていただけだ」と。

「そのようなものに、お主が命をかけてやることはない」と言われたんです。

ですから、もう私は、講演会を止めさせられ、自分で本を書くのも、すべてストップさせられているんです。そうしたこともあって、ここ数年、講演会はまったくしていません。

もう、講演や執筆活動をする時代は過ぎたというのが私の考えです。

私の場合は、基本的に金龍さんと一体になって、守られながらやってきていますが、金龍さんは、未来感などに関してものすごく厳しいんです。

特に格が高い金龍さんになると、宇宙人といえども絶対に逆らえないようです。

そのくらい、龍神さんに対しては、宇宙人たちも大きな恐怖心と、尊敬の念を持っているんだと思います。

実は私は、10年ほど前までは、龍神さんとはなんの関わりもない人生をずっと送ってきていたんです。

龍蛇族の本を書いているから、「龍神さんとは昔から縁があったのでしょう」と言われることが多かったのですが、「そんなことはまったくありませんよ」と答えてきました。

マヤの長老が、祈りの旅で日本へ

浅川　では、龍神さんとはどこでご縁が結ばれたのか、という話をしましょう。

その前に、マヤ族の長老との出会いについてお話しします。

今、日本人の間でもてはやされ、尊敬されている長老といったら、マヤ族のアレハンドロ長老、それからワイタハ族のポロハウ長老です。

しかしこの二人は、私がいなかったら、日本との縁は結ばれなかったようです。

まず最初につながったのは、マヤの長老でした。その経緯は、次のようなものでした。

十数年前、ある女性から、メールが来ました。

それは、

「実は、マヤ族の長老が日本に来てくださるということになって、準備を整えていました。日本で、祈りの旅をしてくださるというプロジェクトです。

しかし、突然スポンサーが降りてしまって、お呼びすることができなくなってしまったのです。

浅川先生のような立場の方であれば、スポンサーになってくれる人をご存知だと思うのですが、ぜひ紹介してください」というものでした。

まったく面識のない女性からなんです。

しかし、そのときには、私はすでに会社の役員を退いていました。辞める前だったらスポンサーの一人や二人ぐらい紹介してあげられたでしょうが、辞めた後は一切、会社との関わりを断っていましたから、

「わざわざメールをいただいたけれども、今、私はそんなことができる立場にないので、ど

なたか他の方を探してください」と、返信メールを書くことにしたんです。

ところが、書いている間に、「ちょっと待てよ」という気持ちになってきたんです。というのは、「そのマヤの長老が日本に来て祈りの旅をするということは、日本という国にとって大きなプラスになることじゃないか」と思ったからです。

「そういえば、沖縄の神人《かみんちゅ》（編集注　神の啓示にて祈りを行う沖縄のシャーマンのこと）の比嘉良丸《ひがよしまる》さんと一緒に祈りの旅をしてもらえれば、これは日本にとって絶対にプラスだよな」と思いついたんです。

実は1年前に、比嘉良丸さんという沖縄のトップの神人と対談をして、本を出版していたんです。

そうした経緯で、来日したアレハンドロ長老と比嘉良丸さんとの祈りの旅が実現したというわけです。

そういうふうに、為すべきことの一つ一つが皆、仕組まれているんですね、あなたと同じで。そして、

「そうだ！　わざわざスポンサーを探すことはない。自分がスポンサーになればいいんだ」

と考えました。そこで、

「スポンサーは探せませんけれども、私でよかったらお引き受けしますよ」と返信したら、ものの5分もたたないうちに、

「ぜひお願いします」というメールが届きました。

さらにメールには、

「急がないとマヤの長老がインドのほうに行ってしまうから、できるだけ早く振り込みをお願いします」と記されていたので、急いで送金したんです。

その後、家に来た娘が、

「マヤの長老が来られるようにと、お金を振り込まれたんでしょう、それは、お父さんがスポンサーになってご招待しようということですよね」と聞いたので、

「そうだよ、それがどうしたの」と答えると、娘は、

「スポンサーの依頼をしてきた女性というのは、お父さんは前から知っている人だったの」と聞いてきました。

「いや、まったく知らない人だよ」と返すと、

「だったらそれ、今流行《はや》りの、振り込め詐欺だったかもしれないよね。よくお父さんは今まで、そういうのに引っかからずにすんだね」と、大笑いでした。

アマゾン、アンデスでのシャーマンの過去生

浅川　結局、私がスポンサーとなってお金を振り込んだことで、長老が来られるようになり、これがきっかけで、マヤの長老と日本は縁が結ばれたんです。これは、紛れもない事実なんですね。

そしてもう一つ、ワイタハの長老が来日することになったのにも、私の関与が必要だったんです。

ニュージーランドに行って、2000～3000体の龍神様の魂を解き放つというセレモニーを、本来なら彼がしなくてはならないのに、私がやり遂げた。そうした縁があって、ワイタハの長老が、その後、日本に来るようになったというわけです。

このことを書いた龍蛇族の本が、ロングセラーになっています（**編集注**　**『世界に散った龍蛇族よ！』**〈ヒカルランド〉）。

そうした流れで、日本という国とマヤの長老と、ワイタハの長老との縁が結ばれたんです。

我ながら、不思議なこともあるものだと思っていたときに、ある男性が我が家に来られたときに私に言ったことを思い出したんです。

その人物とは、私との対談本『［UFO宇宙人アセンション］真実への完全ガイド』（ヒカルランド）を出した、チェコスロバキア生まれのペトル・ホボット氏だったんです。そして、彼

は幼少の頃から特殊能力を持っていて、体外離脱や宇宙人とのコンタクトができたんです。

その彼が、私の撮った写真を見て、

「これはアマゾンの野鳥でしょう」と言うから、

「そうだよ」と答えました。私が、

「あなたはなんでそんなことを知っているんだ」と聞くと、

「私もアマゾンに長らく行っていましたから」との返事です。

彼の経歴を知っていた私は、

「だってあなたはソ連の諜報員であり、UFOとのコンタクトの責任者を務めていたのでしょ。なんでアマゾンに行っていたんですか」と聞きました。すると、

「ソ連が崩壊してロシアになったときに諜報員をやめて、アマゾンに行ってシャーマンをしていました」と言うんです。

保江先生もご存知のとおり、私もアマゾンには何度も行っていましたから。不思議な縁を感じていると、彼が、

「あなたも、アマゾンとアンデスで、6回、シャーマンをやっていた過去生があるんですよ」

と言うので、私はひっくり返って笑ったんです。

「あなたの言うこと、宇宙に関する情報は、全部受け入れますよ。きっと、間違いないでしょう。

だけれども、私が6回もシャーマンをやったなんて、そんなバカなことあるわけないじゃないですか」

そう言うと、彼が真剣な面持ちで、

「なぜですか」と聞くんです。

「だって私は、霊視もできなければ、口寄せだってできない。なにも伝えられない、ただのおっさんですよ」と彼に言いましたよ。

「6回もシャーマンをやっていたのに、そんな人間が霊力ゼロの凡人だなんて、そんなバカなことありますか」と言ったら、今度は彼が、ひっくり返って笑い出したんです。

「あなたはわかってないんですね。あなたが6回のシャーマンで培ったパワーやテクノロジーを持って今日、日本で活動していたら……」とまた真顔になって続けます。

「神事をやっている日本人で、あなたの前に立てる人間は一人もいませんよ!」と。

それで私が、

「いったいどういうことですか」と聞くと、

「もしも今生でも、あなたが同じパワーを表現できるように生まれていたら、今のあなたのように、一般大衆にスピリチュアルやアセンションについての情報を伝えるという役割はできなかったんです。

あまりにも特別な存在になってしまいますからね、ある一部の人間とだけしかつながらなかったでしょう。

だから、そうした力を全部、封印した上で誕生しているから、今のあなたには霊視などができないというだけの話です。

けれども、これからの人生の中で必ずそれが理解できるときがきますし、その霊的な力を発揮する必要が出てくれば、封印も解かれるはずですよ」と言われたんです。

保江　まさに、天の見事な采配ですね。

封じ込められた数千体の龍神の魂、トンガリロ山で解放！

浅川　どうやら過去生でアマゾンやアンデスにいたときには、私とマヤの長老、ワイタハの長老は皆一緒にシャーマンをしていたようです。

ただ私は前世で、シャーマンとしての学びを終えたようなのですが、二人の長老はもう一度今生で神事をする必要があって、マヤ族とワイタハ族の長老として神事に携わることになったようです。

二人は日本という神国とも縁があったので、私という男を介して日本に来ることとなり、私とも久しぶりの交流ができたというわけです。

そうした流れの中で、凡人の私がワイタハ族が住むニュージーランドを訪ねて、ある重大なセレモニーを行うことになったのです。その経緯を簡単にお話ししましょう。

今から9年前、私は龍神様との縁ができたことをきっかけに、ニュージーランドを訪ねることになったのです。空港で待っていていただいたポロハウ長老とお供のランギ氏は、自分たちワイタハ一族は5000年前に、エジプトからニュージーランドに渡ってきたと言っていました。

それは、ニュージーランドには龍神様がたくさんおられるので、その龍神様をお守りするためだったと語っていました。そのくらい、ワイタハ族は龍神様とはつながりが強い種族であり、そのトップがポロハウ長老であったというわけです。

そうして長老と一緒にいろいろな聖地を訪ねて祈りのセレモニーを行っていたある日、長老が驚くべき話を聞かせてくださったのです。

それは、遠い昔、アトランティスによってレムリア文明が滅びる際に、レムリアの人々を守っ

マヤの長老と

ポロハウ長老と

グアテマラのティカル遺跡で行われたマヤ族のセレモニー
こうした儀式にはマヤ族以外は参加できないだけに、非常に貴重な写真である

ていた数千体の龍神様がアトランティス人によって殺されて、その魂がトンガリロ山にある湖に長い間封じ込められている、という話でした。

その後、彼が語ってくれたのは、

「そうした龍神様の魂を解き放つのが、長老である自分に課せられた最大の使命なのです。今回あなたが来られたチャンスを活かして、解放に再度挑戦してみようと思っているのです」という話でした。

「それはすごいことですね。私たちもついて行っていいですか」とお聞きしたら、

「もちろんです。実は金龍様に守られたあなたという人が神国日本から来るのを待っていたのです」と言われたのです。

それで、通訳の鈴木美穂さんと長老と、もう一人の体格のいい長老の付き人のトゥファレ・ランギ氏、そして私の4人が標高2000メートルのトンガリロの聖地を目指して登り始めたんです。

そのうち、きつい勾配の登り坂にかかるところになったら、長老と付き人のランギ氏の二人の姿がなぜか見えなくなってしまったんです、いくら待っても追いついてこない。

美穂さんが、

「先生、こんな急な山を、あのお二人の体型では登れないですよ」と笑っていました。確かにお二人とも、メタボ体型ではあったんです。しかし、そんなバカなことがあるはずがないと待っていたんですが、いつまで待っていても来ないので、他の登山客の後について、とにかく二人で行ってみようと登り始めました。

しばらくして、急勾配を登り始めた頃から、雨が降り出し、さらに強風が吹きあれ、霧が出てきました。

そこは有名なトレッキングコースで、通常なら、登るのにそんなに難しいところではないんです。ただ、降りしきる雨と、霧で視界も悪くなってきたものだから、登るのが容易ではなくなってきました。

他にも、おおぜいの人が登ってきていましたが、みんな、岩の陰に隠れたまま誰も動かないんです。私たちも一時は岩に身を寄せていましたが、そうしていてもどうしようもないでしょう。

それで、とにかく登ろうと進んで行きました。

途中、霧が深くなってきたので、私が美穂さんに、

「こっちの道のほうが安全だと思うよ」と言った瞬間に足元が崩れ、美穂さんが、

「危ない！」と言って差し出してくれた手をつかんでくれたおかげで助かりました。下は、200メートルの断崖、落ちたら一巻の終わりです。

年老いた私はともかく、若い彼女に万が一のことがあったらと、不安が脳裏をよぎりました。

それで、

「危ないので気をつけてよ」と言っているうちに、今度は美穂さんが危うく足を滑らせそうになって、私が腕をつかむ事態となったんです。

これ以上歩くのは危ないと感じましたが、今さら引き返すわけにもいかないので、そこからは這うようにして登っていきました。

軍手もなかったので、ゴツゴツした岩で傷ついた手から血が吹き出し、カメラも岩にぶつかってもう、傷だらけです。

それでもなんとか頑張って進むと、山頂と思われる辺りにたどり着きました。

しかし、本来ならば、眼下には目指す湖が見えるはずなのに、深い霧のせいで、まったくそ

の姿は見えません。

美穂さんが、

「ここでどうしたらいいんでしょうか」と困ったように言うので、

「わかった、なんとか龍神様に頼んで霧を晴らしてもらおう」と言って、祈りに入りました。

そして、しばらくすると美穂さんが、

「先生、空が」と、上のほうに目をやっています。見上げると青空が出てきて、光が射していたんです。上空を飛ぶ龍神様に、願いが通じたのに違いありません。

視界も晴れたので、なんとか急斜面の下り坂を、岩につかまりながら降りていきました。すると、ほぼ降りきったところに、三つの湖が見えてきました。大きさと色がそれぞれ異なっているのがわかります。

出発前に長老が教えてくださったのは、

「右側手前の大きめの湖がヒネ・コロワイ（Hine-korowai）と呼ばれる女性性を持つ湖、左手奥のエメラルド色が一段と輝く湖は男性性を持ったタマ・アロランギ（Tama-arorangi）、左手手前、3湖の中では一番小さいのが、神に属する中性性のマリンガ・リンガ（Maringa-ringa）である」と。

長老たちが来ないことはもはや間違いなさそうだったので、

「俺たちだけでできるかどうかはわからないけれども、やれるだけやってみよう」と言って、まずは私が男性性、美穂さんが女性性の湖で祈りました。

最後に、中性性の湖に行って、二人で一緒に祈ったんです。

「まあ、俺たちの祈りでどうこうなりっこないけれども、一応やれるだけのことはしたから満足だね」

「そうですね。先生」なんて言い合っている間に、美穂さんが、

「ウワー、先生、見て！」と上空を指すんです。驚いて見上げると、そこには龍の形をした何百という小さな雲が、一群となって空を飛ぶ壮大な光景が広がっていました。

もう、感動して見とれてしまって、呆然としていました。

しばらくしてから美穂さんが、

「先生、写真を撮っておいたらどうですか」と言ったので、あわてて撮ったのが、『世界に散った龍蛇族よ！』に掲載されている写真です。しかし、時間が経過していたので、形が崩れて雲の塊にしか見えないと思いますが、最初に見たときの姿はもっと数も多く、一体一体が龍神様に近いお姿をしていて壮観でした。

それからまた斜面を降りたんですが、そのときもまた大変な思いをしました。

這々《ほうほう》の体《てい》でやっと下山したところに、長老の付き人のランギ氏が車で迎えに来てくれました。

聖なる女性性の湖「ヒネ・コロワイコ」

飛び立つ龍神雲

こうしてやっとの思いでホテルに帰り着くことができたというわけです。そして部屋に入ると、長老が座ってニコニコ顔で迎えてくれました。しかし、そのお姿を見た途端、大変な思いの山中を思い出して、長老に、私は激昂して言ったんです。

「あんたはなんですか！　連れていくと言っていた本人が途中からホテルに戻って、なんであんな厳しい祈りの旅を、私たち二人が命がけでやらなければならなかったんですか！」と。

そうしたら長老は、

「申し訳ない！　申し訳ない！　しかし、それは私の意思でしたことではなかったのです」

と言うんです。

「それはどういうことですか？」とお聞きしたら、実は龍神様から、「お前たちはホテルに戻っておれ」と言われたというのです。

どうやら、今回、龍神様の閉じ込められた数千体の魂の解き放ちを行うのには、私自身が現地に出向いて、天の大神様に祈りをささげる儀式が必要だったようです。そして、女性性と中性性の湖での祈りには、同伴していただいた通訳の鈴木美穂さんの参加が必要だったということのようです。

ですから、私と美穂さんが体験した山頂までの苦労は、聖なる役目を成し遂げる人間にとって欠かせない禊《みそぎ》のようなもので、避けては通れない試練でもあったようです。

私はそのとき、人間というのは縁があって必要なチャンスが与えられているんだなと、改めて認識することとなりました。

私のような凡人が、数千体の龍神様の魂を解き放つなんて、荷が重すぎるのではないかと思ったのですが、ロシアの諜報員だった男、ペトロ・ホボット氏が言っていた私の過去世を考えれば、今回の難行は私に課せられた任務だったようです。

どうやら、保江先生がなさっていることも私がやっていることも、みんなそうした役割というものがあるようですね。

ペルーでの学校作り

保江　おっしゃるとおりです。

それにしても、見ず知らずの女性からマヤの長老の旅を支援するためにお金を振り込んでくださいと言われて、よく振り込まれましたね。

浅川　先ほども言いましたように、私の娘からもまったく同じことを言われました。私の場合は、ちょっとしたきっかけでそういうことが起きるんです。ペルーの学校を作るなんていうのもそう。

ペルーに行ったときに、ガイド役をしてくれていたセサル・ラトーレというペルー人の男性が、

「帰りはボリビア経由で帰りましょう」と提案してくれました。

ボリビアはほとんどが高地で、私が行ったところはもう、4500メートルほどの高さがありました。もう少し進むと、5000メートル近くに達します。ですから、そんな高いところには、ほとんどの車は行かないんです。うっかりすると、酸欠状態となってしまいますから。

それに、ペルーの車なんて、日本の中古車ばっかりですから。しかも年代物でボロい。このくらいの高さになると、人間よりむしろ車のほうが高山病ならぬ酸欠病になってしまうんです。

ですから、運転手に、

「こんなところを登っていて、エンストでも起こしたらどうするの」と聞いたんです。

でもセサル氏は、

「浅川パパ、大丈夫。なんとかなりますから」と平気な顔をしていました。しかし、私が案じたとおり、頂上付近で止まってしまったんです。エンストです。

「そらごらん、大丈夫か」と聞いたら、

「頑張ってみますから大丈夫です」と運転手は平然とした顔で、修理に取りかかりました。

ただ、そういうハプニングもちゃんと意味があって起きていたようです。

修理をしている間、セサル氏と話をしていると、彼が一枚の写真を見せてくれたんです。それは、小学校の授業の風景なんだけれども、なぜか子供たちが、膝近くまで水に浸かっていたんです。私はその写真を見て、暑いジャングルの中にある学校なので、足を冷やすためにそうしているのかと思い、

「ペルーの子供たちはみんなえらいね」と言うと、セサル氏が、

「なぜですか?」と聞いたので、

「だって、この学校には冷房なんかないから、涼しくするために水に浸かって授業を受けているんだよね」と答えたんです。

そうしたら、いつもニコニコしていて、怒るなんていうことはめったにない男が、ものすごく怒り出したんです。

「なんですって? パパは、ペルー人をバカにしているね!」と。

「え、どうして?」と言ったら、

「ペルーの学校は、一度作ったら誰も修繕してくれない。だから時間がたてば、屋根に穴が開く。窓ガラスが割れる。教室に雨が降るよ。学校の周りも、排水施設も整っていないんだ」と。

「それで床に水が溜まる。直せる人が誰もいない。

でも、1年の半分くらい雨季だから、水溜りを嫌がっていたら授業を受けられないね。だか

ら、みんな我慢して水溜りの教室で、頑張って授業を受けているのよ」と言われたんです。私は、「ああ、そういうことだったんだ。それは失礼したね。申し訳なかった」と詫びて頭を下げました。

そして、

「君は音楽活動で一度日本に行ったのは、学校を作るためだったんだね?」と聞いたら、

「そうだよ」と言います。

「ところで、その学校はもうできたの」と聞くと、

「できてないよ」と。理由を尋ねると、

「日本人は嘘つきね。約束した金の3分の1もくれなかった」と言うんです。

そのときは、さすがの私も心をえぐられる思いで、やりきれない気持ちになりました。それで、「だったら、私も協力するから、これから一つだけでも学校を作ろうよ」ということでスタートしたのが、ペルーでの学校作りだったんです。

私のような人間が徳積みをするには、こうしたきっかけが必要だったんですね。

そうした経緯で、最初の学校がキタパライという村に建てられたというわけです。その後に、開校式に出席したときには村中の人たちが出迎えてくれて、夜中過ぎまで飲んだり踊ったりし

たのですが、そのときのことは今も脳裏に焼き付いています。とても楽しかったです。

ところが、その村から帰る途中で、セサル氏が、

「パパ、別の村に立ち寄るよ」と言ったんです。

到着すると、その村にもたくさんの村人たちが待っていました。

「なんでこの村に来たの？」と聞くと、

「ちょっとね」と涼しい顔。結局はそこで、父兄たちから再び学校作りの陳情を聞かせられる羽目になり、できた学校が2校目となったというわけです。

このようにして、恵まれない環境にある村人たちの願いを叶えようとするうちに、その数はいつの間にか3校になり、4校となって、直近で建てたアンデスのカングリパンパ村の学校が9校目となったというわけです。どうやら、特別の金持ちでもない私にそうしたことができたというのには、過去生で積んできた徳の力が背景にあったようです。

しかし、それは決して私だけの力でできたのではないことも事実です。セサル・ラトーレという男がいてくれて、彼がアマゾンやアンデスの村々を訪ね歩き、学校へ行けない子供たちの

いる部落を探してくれて、その中から、学校建設への思いが強い村を選んでくれたお陰なんです。

そうした流れの中で、6校目の学校を富士山よりはるかに高い、標高が5000メートル近いサシカンチャ村に建てることになったのには、深い意味があったようです。

実はその村とは、私がシャーマンをやっていた直近の過去生において縁があったようなのです。それを知ることになったのは、開校式に村を訪ねたときでした。

なんとその村は長い間、近隣の人々から「人食い部落」とか、「人殺し部落」と言われて恐れられており、近隣の村人との交流が少なったようです。

ところが今回、彼らが学校を作る際にどうしても自分たちの力だけではできないことがあって、交流が始まったようです。それは、学校の給食に使うきれいな水を確保することがきっかけでした。

彼らの住まいは、5000メートルという大変な高地であったために、これまであまりきれいな水を得られないまま過ごしてきていたようです。

しかし、せっかく教室と一緒に給食施設も作ってもらうことになったのだから、なんとかして子供たちには、きれいな水で作った食事を食べさせてやりたいと思ったようです。

そのとき、その水の確保に力を貸してくれたのが、近隣の村人たちだったのです。

それは、学校より更に高台にある池の水を学校まで引くことでした。それには、急斜面の丘に沿って水道管を引く必要があったのですが、その難しい作業を手助けしてくれたのが、これまで交流の少なかった下の部落に住む人たちだったのです。

こうして子供たちは、学校に行けるようになっただけでなく、安全でおいしい給食も食べられるようになったというわけです。


それと同時に、村の大人たちもまた、人間にとって他人と助け合うということが、どれほど大事なことであるかを悟り、自分たちの祖先が為してきたことが、どれほど人の道を踏み外した愚かな行為であったかを知ることになったのです。

こうして村人たちは、長年の悪行を反省して、心を入れ替えることができたというわけです。


それは、開校式に参加した近隣の学校の校長先生や村長さんたちにとって、大変な驚きであったようです。なにしろ、開校式や祝宴の最中に、そばに寄るのも恐ろしく感じていた人たちが、親しげに寄ってきて、話しかけたり、酒を酌み交わすことになったのですから。

式を終えた後に下の部落まで帰る際中、同乗した車の中で、皆さんがその話で持ち切りだったことは、今でもよく覚えています。

後から教えられたところでは、どうやら、私は前世でシャーマンとして何回かその村を訪れて、彼らの悪しき考え方を正そうと努力してきていたようですが、それが叶わないまま前世を終えたようです。

そのため、今生でそれを成し遂げることが私の使命であり、望みでもあったようです。

しかし、ただの凡人として生まれてきた今生の私には、それをなす力は持ち合わせていません。

そこで、描いてきたシナリオが、今回の学校作りであったのではないかと思います。

ただ、遠く離れた日本という国に住む今生の私には、彼らの村落とのつながりはまったくありません。そこで天が導いて下さったのが、セサル・ラトーレという人物との縁結びだったようです。

それにしても、こうして私の願いが叶えられたのですから、縁とは不思議な力を持ったものなのですね。

保江　なるほど。そのような縁が重なって、９校もの学校ができたんですね。

浅川　そうですね。

セサル氏の奥さんの尚子さんは今、関西で学校の先生をしているんですが、彼女はペルーに自分の学校を作るというのが念願のようなので、

「記念の10校目は、あなたのために絶対に取っておくからね。なにも心配しなくていいよ」

と約束しているんです。それで今は、10校目の資金をプールしている最中というわけです。

保江　素晴らしい活動をなさっておられますね。

第二章

「神様はリセットボタンを押しかけている」
――天が伝える本当のメッセージ

シリウス・レムリアの復活を阻もうとしている人物とは

保江　アシュターからの緊急指令で、あるスピリチュアル系の男性について、「気をつけろ、無視しろ」と言われています。

その人はシリウスからやってきて、みんなの魂がシリウスに向くようにと活動しているけれども、実はまだプレアデス・アトランティス系の人間で、シリウス・レムリアの復活を阻もうとしている人間だからと言うのです。

浅川　きっと、そのとおりでしょう。

保江　でも僕は、わざわざアシュターがシリウスからやってきて、ご縁があった女性の身体を借りてまで緊急指令と言うからには、原発についてとか、世界の異常気象がとか、大きな話を想像していました。

だからそれを聞いたときには、なんだか日常的というか、下世話というか、人間じみた話だなと思ったわけです。

それで、その話には、僕はそんなにウェイトをおく気がしませんでした。

ところが翌日、僕の白金の事務所に、ある出版社の社長さんが突然、アポなしで来られたのです。

話を聞いてみたら、そのスピリチュアル系の男性と対談本を出しませんかというオファーでした。

もう、昨日の今日でさすがにびっくりしてしまいました。

「すみません、ちょっと僕は興味がないんで」と断ったんですが、かなりしつこく迫ってくるんです。

しかたがないから、

「実は昨日、シリウスの宇宙艦隊司令官アシュターがやってきて、この人のことは無視しろと言われたんです」と話したら、

「そうですか、それならしかたがない。やめましょう」と。

「今お聞きした話のほうが面白いですね」とかおっしゃってました。

それで結局、ギリギリセーフで対談の企画はストップしたわけです。

もし前の日のアシュターからの緊急指令がなかったら、対談もしていたと思いますよ。個人的にはなにも知らない人でしたからね。

その1週間後に岡山で用があったので、早朝に京都から移動しました。岡山駅には朝8時半頃に着いたのですが、家まで歩いている途中に電話があり、番号を見ると登録のない人からでした。出てみたら、以前、福島県の天栄村にあるピラミッドに行った際にお世話をしてくれた女性からでした。

浅川　ピラミッドですか？　どの辺に？

保江　会津の近くの岩瀬郡にある、天栄村というところです。

僕が親しくしている人物に、矢作直樹《やはぎなおき》先生という東京大学医学部救急医学分野の教授だった人がいます。

この人は、週刊誌などのマスコミにずいぶん叩かれたことがあるんですね。

なぜなら、東大医学部教授のくせに、『人は死なない』（バジリコ）なんていうタイトルの本を出版して、スピリチュアルなことを平気で言うからと。

その彼が、会津の付近に探検に行ったことがあり、巨大な立方体の岩がゴロゴロしているところを訪れました。

岩は崩れてはいましたが、植物や苔《こけ》が生えていて、全体的に緑がかっているのです。矢作先

生が、

「明らかに、もともとはピラミッドです」と言って写真を見せてくれました。

そして、

「ぜひとも一緒に行きましょうよ」と言うので、僕も行ってみたわけです。

そのときに、民宿などのお世話をしてくれた女性がいて、その方からの2、3年ぶりの電話でした。

その彼女がなんと、先ほどのアシュターからの緊急指令に出てきたスピリチュアル系の男性と、学校で同級生だったというんです。今も親しくしているということでした。

そのスピリチュアル系の男性が、ドクター・Dという、やはりスピリチュアル能力の高いお医者さんと対談形式の講演会をしたところ、それ以来、みんなが面白がっていたような話が前のようにできなくなってしまった。スピリチュアルカウンセリングの相談への答えも、ごく普通になってしまったというのです。

おそらく、ドクター・Dにエネルギーを吸い取られてしまったからだと周囲の人たちが心配して、いろいろと話し合った結果、スピリチュアル業界のドンのような不思議なおじいさんがいるので相談してみようということになったそうです。

いつも日本中から声がかかるため、どこにいるか明らかでないという人物ですが、ほうぼう手を尽くして、なんとかつかまえたようです。そして、「本人に会って、エネルギーを取り戻してやってもらえませんか」と頼んだら、その霊能力の高いおじいさんが、「やってはみるけれども、自分だけではちょっと難しい」と答えてから、「最近読んだ本の著者の、保江邦夫という人も呼んでほしい。二人でならできるような気がする」と言われたといいます。

そのおじいさんの名前を電話越しに聞きましたが、僕は家に向かって歩いている最中でしたし、興味も持てませんでした。それに、そのスピリチュアル系の男性を無視しろとアシュターに命令されていたから、その話も適当にしか聞いていなかったのです。

ですから、そのおじいさんの名前もはっきり覚えていませんでした。それで、結局はお断りしたのです。

エネルギーを復活させるためにそのおじいさんが東京に行く日、僕は神戸にいなくてはいけなかったので、ご縁もなかったようです。

浅川　それで、その方は一人でなさったんですか？

保江　そのはずですが、その後、連絡がなかったので存じません。

そして、今年の1月4日はせくらみゆきさんに会ったときに、アシュターとの話もしました。

それと、

「昔から霊的な修行をしているおじいさんが、スピリチュアル系の男性のエネルギー復活を手助けするらしい。僕にも頼まれたけれど、興味がなかったから、名前もまったく覚えていないんだ」ということも伝えました。

すると、はせくらさんが、

「あなたの潜在意識には残っていると思うから、読んであげるよ」と言い、

「そんなことできるの」と聞くと、

「簡単よ」と答えて、僕の潜在意識を読んでくれたんです。そうしたら、

「シャンタンさんよ、それって」と。

「それ！　その名前」

やっと思い出しました。

淡路島の特別な神社

浅川　へえ、おじいさんの名前が読めたんですか。

保江　ええ、潜在意識に入っていたようです。

そうしましたら、先日、1月17日。

僕が東京でやっている道場の教え子で、近所に住んでいる女性なんですが、会ってもらいたい人がいると言ってきました。

「それはいいけれども、誰?」と聞くと、

「最近できた彼氏です」と。

彼女自身、彼氏がいい人だというのはわかるけれども、本当に自分に合うかどうかがはっきりわからないと言います。僕は人生経験が長いから会ってみてほしいというので、承諾したわけです。

そして、実際にその彼氏に会った瞬間に、なんだかとても懐かしい感じがしました。もう、昔からの知り合いだなと思えたくらい。

矢作先生と初めて会ったときもそうだったんですが、これは昔、どこかで仲間として一緒だった人だなと。

それで意気投合して、晩ご飯を食べながらいろいろな話をしました。

すると、彼のお父さんが、やはりスピリチュアル系で本も出している方で、以前、僕にも講演会を一緒にしませんかと提案してくださっていたようなのです。

僕の日程が合わなかったので、秘書がすでにお断りしていたといいます。

そして、

「そういえば、父親の親友にスピリチュアル系のおじいさんがいて、その方が保江さんに会いたいそうなんです」と言うので、

「なんて人」と聞いたら、

「シャンタンさん」と。

「出た！」と思って。

シャンタンさんが、例のスピリチュアル系の男性とは無関係に、前から僕とぜひ会いたいと思っていたらしいというので、

「君と一緒ならいいよ」と返事しました。

シャンタンさんというおじいさんは、スピリチュアル業界でよく知られている「アナンド・シャンタン」（宮井陸郎さん）という方なのですが、「保江が調子が悪そうだから行って治してやれ」と神様から言われたのでやってきたというのです。

最寄りの地下鉄白金高輪駅の改札口で初めてお目にかかったのですが、僕に会うなり握手をした手を握ったまま離さず、結局夕方で混み合う地下通路をシャンタンさんと僕は手をつないだまま地上出口へと歩いていきました。そのとき、とても不思議だったのですが、歩いていく

うちに僕の身体が僕の意志とは無関係に、勝手にクネクネと踊りながらスキップするようになったのです。これもすでにシャンタンさんによる治療の手始めだったようで、僕は少なからず感動してしまいました。

確かにその時期はとことん体調が悪かったので、夕食をご一緒しながら、「では本格的に治していただけますか」とお願いしたら、その翌々日の2月1日、シャンタンさんが僕の東京の道場までやってきて、みんなで手をつなぐように言われたのです。

それで僕も門人たちと一緒に手をつないだら、シャンタンさんのエネルギーが全員に伝わって自然に身体がユラユラ揺れ始め、最後は盆踊りのような状態になったわけです。

シャンタンさんから、輪の中心で横になるように言われたので、僕がそのとおりにすると、次に女性だけで僕の身体の好きなところを触るようにと指示され、30人ほどの女性たちが僕の身体をあちこち触ってくれたのですが、そうしたら元気になってしまいました。

シャンタンさんによると、「縄文時代にはこのようにして人を治していた、それが盆踊りなんだ」ということでした。

ところで、僕とシャンタンさんをつないでくれたその彼氏は、アシュタカと呼ばれていた過去生があるとのことでした。

アシュタカといえば、アシュターの、例えば部下だった人かもしれない。彼も僕について、とても懐かしい気がすると言っていました。

さらに2月3日に、これも初めてお会いする方がいたのです。

2019年の暮れ、12月28日、淡路島で福祉乗馬大会というイベントがありました。福祉乗馬とは、馬との触れ合いを通して心身の不調を改善するという、ホースセラピーの一つなのです。

目が不自由な方や、自閉症の子供などが馬に乗って癒やしを得るというものですね。

主催者の乗馬クラブからの講演依頼があり、大会に参加しました。

そうしましたら、どうしても僕を案内したい神社があるので、お付き合い願えないかという女性がふいに現れたのです。

淡路島には由緒ある神社が多いのですが、一般にお参りされているようなところではなくて、まったく知られていないところでした。

でも、本当にそこは大切な場所で、しかも皇族の方々も時々来られるといいます。

時間的にも余裕がありましたから、行ってみました。

現地に行く前に、ある方と電話で話してほしいと言われました。

相手は女性で、どうも皇室の御神事をしてきたような方だとのこと。その方が、僕を淡路島のその神社に連れていってあげなさいと言われたということで、それで僕が連れていかれるという具合になりました。

そういうところなので、詳しい場所などは内密にと事前に釘を刺されました。

行ってみれば、なんということもない、ごく普通の小さな神社です。

その後、その方から直接に電話があり、南麻布に住んでいて、僕の事務所がある白金の隣町で場所が近いということもあり、会うことになりました。

「お正月以降はいかがですか」と向こうが聞いてこられるので、

「1月3日は空いてますよ」と言ったら、

「いえ、2月3日以降になります」とおっしゃるので、「変なことを言うな」と思いつつ、その後、連絡がないので、あれはいい加減な話だったんだと思っていたら、また突然、電話がかかってきたのです。

「近々お会いしたいんですが、いつが空いていますか」と言うから、

「1月中はもう全部埋まっていて、2月3日なら空いてます」とお返事して、結局、2月3日に初めてその女性にも会うことになりました。

やはり霊能力者らしいのです。淡路島で僕を案内してくださった人たちに言わせると、すごい霊能力の持ち主で。皇族の関係者ですが、表には出ない人物。

浅川　私があなたのお話をお聞きしていて思うのは、それだけの霊能力者、力がある方々に次々とお会いしているということは、未来感というのが相当差し迫っているということのようですね。

そうした、未来感に関するお話はありますか。

保江　それについては、みんなが共通して伝えてくれていることがあります。すでに僕がお目にかかった霊能者の方々、及びその方々に降りてきた存在なり神様なりが教えてくださる、その未来感というのが、先ほども言いましたが、今年ＡＩのネットワークが完成してしまうと、人間が神様に直接触れることができなくなるということです。

神様が隠されてしまったらいけないので、とにかく、そうならないようにやれ、それが緊急のことであると、どの方々も共通して言われていました。

浅川　確かに、人工的なものについては、そういうことが大事なのでしょうね。

闇の連中はこれまでも、必死になってそれをやってきているわけですから。けれども、闇の連中でさえも、自分たちの想像を絶するような動きが出てきているせいで、ものすごく焦っているんです。

そのへんについての話は出ないですか。

保江　そうですね、「闇の勢力」も、人も魔物も悪魔も含めて、全部調和して共に戦っていけという指示ですね。

湧玉《わくたま》の祝い事の儀式

浅川　そこが、私とは全然違うんです。

私などは、そうした優しい言い方をされることはまずないんですよ。というのは、私の場合は守護霊となっていただいているのが金龍様ですからね。生半可な存在ではないので、甘いことはまったく言ってくださらない。

今言われたような、宇宙におられたり、波動が高い素晴らしい存在でも、龍神様に対しては逆らえない、ということを聞かされています。

どちらが上とか下とかいう世界ではなくて、とにかく金龍様や火龍様、特に火龍様には、どんなに高次元、かりに5次元の宇宙人であろうが、絶対に逆らえないようです。口から怒りの炎をひとふき吹いたら、ただ肉体が死ぬというレベルの話ではなく、魂が抹消されてしまうからです。

それと、はっきりしていることがあります。

日本という国は仏教国になってしまいましたから、これから先、アセンションを迎えるときには、これまで日本を治めてきた仏様たちが取り仕切るということになっていたらしいんです。

ところが40年ほど前、1979年のことです。

ほとんどの人がご存知ないでしょうが、滋賀県にある近江神宮で、「湧玉《わくたま》の祝い事の儀式」が行われたんです。

そして、仏界系の仏様方が、龍神様に日本のご加護をバトンタッチされたのです。

「邪悪なものが多すぎて、もう自分たちではこの日本という国を守りきれない。ついては、日本の建国に携わった龍神様に委ねますからよろしくお願いします」と言って。

そして、天界の龍神様の世界からたくさんの龍神様が地球に来て、今の日本をご加護してくださるようになったんです。

一方ではそういうことが起きているんですが、あまり伝えられていないように思えます。

保江　その湧玉の儀式については、僕も聞いたことがあります。

高知県の高校で物理を教えている別府進一先生がいらっしゃって、その方は宇宙人にＵＦＯで違う星に連れて行かれたというのです（編集注　『ＵＦＯエネルギーとＮＥＯチルドレンと高次元存在が教える地球では誰も知らないこと』〈明窓出版〉参照）。

一人で行くこともあれば、外国人も含め10人ぐらいで一緒に行くこともあるそうなんですが、グループで行くときには、たいてい一緒にいる日本人がいたと。

わけ知り顔で、グループを仕切ろうとするような嫌な奴だったそうです。

あるとき、本屋に平積みになっていた本をふと見ると、その男の顔写真が表紙に出ていた。

「あ、この人だ」と、名前や素性がわかったのが、実は僕だったというんですね。

僕の場合は記憶が消されているのですが、やはりＵＦＯに何度も乗っているそうです。

実は、これからの話は本にも書いていないんですが、何度もあっちの星に宇宙人に連れて行かれ、さらにいろんなビジョンを見せてもらった中に、その湧玉があったのです。

高知県に、足摺岬《あしずりみさき》がありますね。

その近くに、別府先生がよく行く聖地みたいなところがあって、そこに行くと龍と湧玉が出てくるんだそうです。彼が、

「この前、あなたが湧玉の御神事をやっていましたよ。紫色の、平安装束を着ていました」

と言ってきました。

「湧玉ってなに？」と聞いたんですけれども、

「御神事をやっていたくらいだから、あなたご自身が知っているんじゃないんですか」との答えでした。でも僕は知らない。全然記憶がないのです。

今、浅川先生に湧玉と言われて驚いたのですが、実は近江神宮の、もう亡くなられた先代の横井宮司様から伝わっている話があります。

宮司が、近江神宮の本殿の右奥に、スターゲイトのようにＵＦＯが出入りする場所を見つけたそうで、そこは禁足地になっています。

それ以来、宮司はＵＦＯ研究者を全国から呼ぶようになりました。

それに、『宇宙からの黙示録―オイカイワタチとはなにか』（徳間書店）の作者である渡辺大起さんを呼んで、宇宙人から聞いた話を書いてネットに公開してほしいと依頼したそうなのです。

つまり、近江神宮というのはＵＦＯのメッカでもあるんですね。

出口王仁三郎《でぐちおにさぶろう》とか、合気道の創始者の植芝盛平《うえしばもりへい》先生とか、そういう方々の御霊を集めて祀るということもなさってきました。

ですから、まさにあそこが、仏様から龍神様に日本の守護を託されたという、その場所なんでしょうね。

「神様はリセットボタンを押しかけている」

浅川　そうです。湧玉の池というのは、富士山の麓《ふもと》にもありますね。

ＣＢＡ（宇宙友好協会）のメンバーだった渡辺大起さんの知り合いの方が、１９７９年、湧玉の儀式でこういうことがあった、ということを知らせてくれたんです。それ以降は、龍神さんが完全に日本をコントロールしているようです。

「浅川さんは、金龍さんとのご縁がありますから、ニュージーランドまで行くことになったのも全部、そうした一連の流れなんですよ」と言っていました。

保江　お話しした、神父様や神様からの伝言の中で、一番厳しい表現だったのが、「神様はリセットボタンを押しかけている」ということです。

「人間は失敗作だから、一度、すべてを消してしまおう」と。タイムリミットはもう、そこまで来ているそうなんです。

だからこの1年、性根《しょうね》を入れてやらないと、そのリセットスイッチが本当に押されてしまう、そんなことも確かに言われました。

浅川　その話が、私には一番、響きますね。

保江先生のお話はものすごく珍しくて、驚きの連続なんだけれども、私の場合はとにかく今おっしゃったようなリセットの話、これが絶えず来るんですね。

「もう、すぐそこまで近づいてるぞ」と言う。

先日も、金龍さんからそういうお知らせを受けました。

今、世界は、天災や世界的なウィルスに見舞われていますね。

例えば2019年には、相当大きな台風が来ましたが、そうした天災も、その前兆として起きているようですね。台風の後に、

「本格的な前兆は、もうそろそろ始まるんでしょうか」と聞いたら、

「今回の台風は、その前兆の一つだ」と言われました。つまり、もう時間がないということです。

今私が一番気になっているのが、富士山の噴火です。

15、6年前、名古屋方面から訪ねてきておられたある男性が、

「この近くに住んでいる女性の霊能者から、びっくりするようなことを伝えられるんですよ」

と話してくれたんです。

信頼のおける男性だったので、「まあこの男が行くようなところなら、そんなに低いレベルではないな」と思い、訪ねてみることにしたんです。

すると、きちんとその住所を知っていたわけではなかったのですが、導かれるようにその家にたどり着いたんですね。

ご主人が応対に出ていらして、

「家内は今、接客中ですが、そのお客さんはすぐに帰りますからゆっくりしていってください」と言ってくれました。

その後、奥様からいろいろと話をうかがった中で、唯一、今もなお忘れずにいるのは、「富士山の噴火は世界の噴火の先駆けとなる」という一言でした。

要するに、富士山が噴火するまでには、浅間山が噴火する、イタリアの火山が噴火する、ということもあるけれども、そんなものは数のうちに入らない。

本格的な噴火が始まるその先駆けとなるのは、富士山の噴火だと言われたんです。

それから15年以上もたっていますので、そろそろその時期かもしれないんですね。

古文書に書かれた富士山噴火の真実

保江　僕も、つい2週間前に霊力の高い女性に会いました。

20人くらいの前で、「本当の神様」と彼女が呼んでいる存在を降ろしてくれたのです。

まず、その神様が我々に言うのが、

「この地上での人生を楽しんで帰ってきてください。それだけで私は満足です。なにをやってもいい。とにかく、楽しんできてください」と。

それに対して、質問をした人がいました。

「そうはおっしゃいますが、今、心ない人間が地球を汚して、環境も全部ダメにしています。こんな状況で、楽しんでばかりでいいんでしょうか」

すると、それまで穏やかだった神様のお言葉が急にきつくなりました。

「あなたはなにを言っているんでしょう。人間が、プラスチックのゴミを海に捨てたり、地球をとことん汚して、その結果、こんなにひどい状況になっているのです。

もし地球がその気になって、火山からどんどんマグマを吹き出させたら、世界は一瞬で溶けて、元の原始的な状況に戻ってしまうんですよ。

その程度のことは、地球にとっては痛くも痒《かゆ》くもないんです。

地球を汚しているという、人間の考え自体がおごっている証拠です。

その気になれば、地球はいつでもリセットして、元の美しい状態にできるんですよ」と。

浅川先生が今まさにおっしゃったように、富士山の噴火がきっかけになることは十分予測できますね。

浅川　はい、とても重要な話です。

そして、先日息子が経営する「徳之蔵」を訪ねてこられたある女性が、

「先生、富士山の噴火についてお伝えしたいことがあるのですが」と言われたのです。

「どうしたの」と聞いたら、

「今回の富士山の噴火は、最初こそ、昔の宝永の噴火（編集注　宝永4［1707］年の富士山の噴火）のような形で起きるかもしれないけれども、本番になったらそんなものではないんです」と言うのです。

「どういうこと？」と問い返すと、

「火口からどんどん……」と。

「噴火が始まるんだね」と言ったら、

「そうです。そして最後には、5合目より上は……、なくなります」と答えました。

こんな話は、誰も知らないですよ。だから、「どこでそんな情報を得たの」と聞いたんです。

その女性の家系は、代々御神事に携わってきていたんですね。すごい資産家のようで、珍しい一族でした。

普通、御神事をされる人というのは、生活が苦しい場合が圧倒的に多いじゃないですか。

その女性と会って、いろいろなことを尋ねたという大阪の方が、ここに来てお話ししてくれたこともありました。

「あの方は料亭を経営されておられる家の奥様で、近くの公園などもあの方の所有地だったようなので財産家だったようですよ。それに、お人柄も良くて面倒見がいいんです。

苦しんでいる人に、それは運命だからしょうがないなどというのではなくて、とことん面倒を見てやるんですよ」と言っていました。

ただ、祖母からは、こんなことはずっと続かない、子や孫の世代になる頃には、自分たちが面倒を見てもらわなくてはならないようになるから、もう御神事をやめてしまおうと言われたこともあったようです。

ところがやはり、娘も孫も霊力があるものだから、つい数年前、その孫にあたる女性の方が来ていたようです。

富士山の下に行けと言われて、家を追い出されるようにして富士の麓にやってきたんです。

そうして、目的の場所に立ったときに、これは数日の滞在ですむようなことではないと思い、近くの町でアパートを借りて住むことにしたようです。

それから、彼女と富士山との対話が始まったわけです。

そして、不思議なことが、起こりました。

あるとき、車で外出しました。カーナビを入れて運転していたのですが、富士吉田市内のある店の前まで行くと、「到着しました」とカーナビが言うんですって。

「こんなところじゃないはずだけれど」と言ったら、助手席の若い子が、

「目的地を入れ間違えたんでしょう」と、入力し直してくれました。

しかし、その後改めて走り出したんですが、またぐるっと回って、同じ場所に戻ってしまったんです。

その人は、

「この場所になにか意味があるようだね」と言って、とにかく車から降りました。

その前にある店は、仏具屋でした。

「さあ入ろうか」と言うと、若い子のほうは、

「仏具屋なんて、気持ち悪くて嫌ですよ」と答えました。

「まあ、いいから入りなさいよ」とたしなめ、お店に入りました。

そして、なにかちょっと気になるものがあったので見ていたら、店のご主人が近づいてきて、「この飾り物に関心を持つ貴女は、相当な霊的能力をお持ちですね」と声をかけてきたそうです。

「まあ多少はね」などと答え、親しくなったこともあって、それからしばらくした後で店主が伝えてくれたのが、ある学者と、もう一人のアマチュア研究家が探り当てた古文書に記されていた、ある予言だったのです。

それは、富士山の5合目にある、誰も知らないもう壊れてしまっている神社の跡から出た古文書でした。

その古文書には、富士山についての予言が書いてあったようです。

そして、その古文書に書かれていたすべての予言が、当たっていたんです。これまでに富士山に起こったことが、そこに書かれていたんですね。

保江　過去に起こったことが予言されていたというのですね？

浅川　はい。そして、まだ起きていない予言が一つだけ残されており、それが、「富士山の噴火で、5合目から上は姿を消す」というものだったのです。

保江　すごい話ですね。古文書にそんなことが……。

浅川　ええ、私も見せてもらっているわけではないですが、もはや、目で見てみないことには信じない、というようなことを言っている段階ではないと思っているんですね。

そもそも、そんなデタラメな話が私に伝わるなんていうことは絶対にないはずで、真実だからこそ伝わるように、天が仕組んでくださったに違いないと思っています。

富士の噴火は、世界の噴火の先駆けとなり、富士の5合目から上が姿を消すほどの噴火が発生したときには、日本という国が機能不全に陥る、そういうことが今、起きようとしているのではないでしょうか。

今の世の中はお金がなくては生きていけないから、確かにお金も大事だけれども、もっと大事なことがある、そこをよく考えないといけませんね。

まず、道を踏み外さない。

そして、できるだけの徳、どんなに小さな徳でもいいけれども、徳積みだけはしておかれたほうがいいですよ。それは、必ず自分に戻ってきますから。

逆に不徳を積んでいたら、それも必ず戻ってきますからね。

人のためになにかをするんじゃない、みんな自分のためです。

その女性も、もともと徳之蔵に来る意思はまったくなかったそうです。

私の家の近くの神社に行った帰りに、どこかでお茶を飲もうとしたら、同伴者の女性がたまたま徳之蔵を知っていたことから立ち寄ることになったようです。

「私は行ったことがないけれど、行ってみたほうがいいような気がするから、寄りましょうか」と、訪ねてきたのです。

そして、その女性が徳乃蔵へ着いて中に入った途端に、

「なんでここのお店には、浅川先生の本がこんなに並んでいるの?」と聞いたので、同伴者の女性は、

「ここは、浅川先生が経営しているところよ」と答えたら、

「ええっ?!」とたいそうびっくりしたようです。

そうした縁で、一気に私とつながったというわけです。

そういうことが本当に多く、保江先生のお話と同じようにありえないような偶然が頻発しているんです。

やはり、天は伝えるべきことを伝える、知らしめるべきことは知らしめる、ということをしておられますね。

保江　まさに、その通りです。

浅川　いずれにしろ、次の富士山噴火は、宝永の噴火とか、そんなものとは桁《けた》が違う。

5合目から上がなくなるということは、東京にも神奈川にも、20～30センチメートルの火山灰が降り積もりますから、それで都市機能は完全にストップ。

日本という国は、それで終わりです。

だって、東京の機能がストップしたら、首都を大阪や名古屋に移そうとしても、データは全部東京で持っているわけで、それを送るためのパソコンが動かない。それでは、資料やデータなどを、送りようがないじゃないですか。

それで日本は完全に機能不全に陥ると、私はそういうふうに受け取ったんです。

秘密裏に進められる遷都、その真実性

保江　浅川先生、僕はそれで今、合点がいきました。

実は、岡山が首都になるという話があるのです。

これは、アメリカの予言者も言っていることです。

岡山が首都なんて絶対にありえなさそうな話ですが、その予言者は、関東以北には人が住めなくなると言っているんですね。

おそらく、水浸しになってしまうとか、放射能汚染などが原因となるのでしょう。

他にも、岡山に首都が移ると噂《うわさ》している人たちがいて。気になりましたので、ある方にうかがいました。

10年ぐらい前の話ですけれども、ハワイに住んでいて、もともと映画会社のカメラマンをしていた方なんですね。

番組撮影のために武蔵野の森に行ったら、ＵＦＯに遭遇して、それ以来つきまとわれていたといいます。

日本にいたらＵＦＯが毎晩来るから、ハワイに逃げればいいと思って移住したら、やはりそこにも来て、結局、腹を決めて彼らと交信をするようになったそうです。

僕がその人に初めて会う日の前夜、その方の奥さんが夢を見たといいます。奥さんは、3、11の福島原発の事故も予知夢で見ていたという、そういう人だそうです。

その奥さんが、岡山に首都が移る予知夢だったとおっしゃるので、まさかと思いながら、ちょっと調べてみました。

そうしましたら、まさに今、先生がおっしゃったように、データをつかんだんです。岡山空港にほど近い、海抜の高い場所に、大手のコンピューターメーカーや電機メーカーのデータセンターが、密かに作られていたのです。

今、東京で運用している最新データのバックアップが、どんどん岡山に移ってきていました。さらに、岡山県が造成に失敗した工業用地とか住宅用地が、やはり空港から車で1時間程度の場所にあります。計画が頓挫して、岡山県の財政赤字の原因になったところです。

それを今、内閣府が買って、着々と国有地にしてビルを建てているようです。

地元や関係者へは、ホテルにすると伝えているようですが、観光客などまったく来ないようなところですよ。

実のところは、有事のときに、役人たちが居住できるマンションでしょう。

不動産屋さんが言うには、その辺りは徐々に地価が上がってきているとか。岡山という田舎なのに、パナソニックの本社機能を移すという話も聞いています。

浅川　その種の情報は、すでにある程度の関係者には伝わっているということのようですね。

保江　そうだと思います。先生の富士山噴火の話、これはものすごくリアリティがありますからね。

たぶん政府も暗黙のうちに、密かにバックアップ機能の再整備をしているんだと思います。

浅川　富士山の噴火については、政府もかなりの情報をつかんでいる可能性は大きいと思います。また、東京には直下型地震が二回くるといわれているんです。

そして、本番の地震は、富士山の噴火と同時期になるようです。

富士山の噴火で一面が火山灰に覆われたときには、生き残った人間にとって、それは地獄みたいなものでしょう。

だったら、直下型地震でもうみんな、おさらばになったほうがましかもしれませんね。

どちらが先にきても、状況は同じでしょうけれどね。

保江　ノストラダムスの予言にも、生き残った人は地獄よりももっとひどいことになるとありました。

浅川　累々《るいるい》と横たわっている屍《しかばね》の中を歩くんです。食べ物を求めてね。それを、助かったなんて言えますか？　もはや地獄ですよね。

保江　確かに、一瞬で死んだほうが楽ですね。

浅川　楽ですよ。

保江　なるほど、つながってきました。

なのです。

紅に燃える金龍様

浅川　本来なら、その富士山の大噴火はすでに、起きていなくてはならなかったんです。しかし、それが未だに起きずにいるというのは、金龍様のお力で抑えてくださっているからなのです。

私が前から言っていたのは、小笠原諸島の近海に西之島《にしのしま》ができたのは、富士山の地下に溜まった溶岩が抑えきれなくなって、龍神様がそこに流し出した結果だと。

誰もそんなことを信用しない。それが正しいとわかっているのに、御用学者たちもなにも言わない。

だから私は、「学者は地獄に行くぞ」と言っているんです。

実はある学者が、西之島の噴火が終わった後に、そこの噴石などの石を調べたんです。

そうしたら、ものすごく硬い、海底火山からは絶対に出てこないような石が見つかったんです。

しかしその学者は、その石を持って帰ることをしませんでした。

なぜなら、その学者は、その硬い石は日本列島という大陸の一部から流れ出た溶岩であることを知っていたので、もしもその石を持ち帰ったら、自分の学者生命が消えてなくなるというのがわかっていたからです。

私は、学術的な知識もなにもない普通の人間ですが、言っているとおりになってしまうのですから不思議ですね。


話は前に戻りますが、先ほどお話した女性とはまた別の女性が徳之蔵に来られて、

「浅川先生が言われているみたいに、富士山の噴火は龍神様が抑えているというのは間違いないようです」と言いました。

「なんでわかるの」と聞いたら、

「上空から見ると、金龍様たちが富士山の周囲を、八重に、十重に巻いて、必死に抑えてくださっているのが見えるのです。今、日本の神社には、伊勢神宮であろうが近江神宮であろうが、金龍様は一体もいません。富士山に、全部集められているからです」と言うのです。

そして、その女性がその後に語ったのは、さらに衝撃的な話でした。

「今の話は、すでに3回ぐらいお伝えしていますよね」と言うから、

「うん、龍神様の姿をあなたが見たということは何回も聞いたよね」と答えた途端、彼女は泣き出してしまって、全然収まらないんです。号泣してしまって。

「どうしたの」と聞いても、まったく泣き止まないんです。

しばらくして落ち着くと、

「実は、改めてまたその姿を見せられたんです」と言うので、

「今回は、なんでそんなに泣いてしまったの？」と聞いたら、

「これまでは富士山の側面から見せられていたんですが、今回は真上からでした。自分はなんでこんなに上空にいるんだろうと思っていたら、ずーっと下に降ろされて、火口の真上まで来たんです」と。そして、

「そのとき、火口の中を見たんですよ」と言って、またしばらく、滂沱《ぼうだ》の涙です。震えるようにして泣いているので、

「どうしたの？」と言ったら、

「私は先生に、金龍様の力がとても強いということはお伝えしましたよね。しかし私は、神様というのは、それだけの力をお持ちだから、手助けをしてくださっているんだという安易な考えだったんです。

もう、恥ずかしいなんてもんじゃない……、舌を噛み切りたいぐらいです」と泣きながら言うのです。その後続けて、

「上から見たときに、なんと火口の中に金龍様がおられたんです。そして、その金龍様は赤く燃えていて……、もう、真っ赤なお姿だったんですよ。

そのお姿を見て、金龍様のように強大なお力を持つ龍神様といえども、命がけでマグマを抑

えてくださっているのだということがわかりました。

金龍様のような尊いご存在が、こうして人間を護るために必死の思いで、「時の到来」を延ばしてくださっているというのに、前から浅川先生がおっしゃっていたように、人間はいつになってもそのことに気づかない。そうしたことが、今回の体験でよくわかりました」と言いました。私は、

「そのとおりです」と答えました。すると女性ははっきりとした口調になって、

「魂の抹消はありえますね。絶対に」と断言していましたね。

「浅川先生の、魂の抹消についてのお話は講演会で聞いていましたが、まさかそこまでと半信半疑でした。

けれども、あの龍神様のお姿を拝見したときに、ここまで身を呈してくださっているのに、まだ気づかない人間がなんと多いことかと、身が震える思いでした。

先生は、人の行く先は、『もう一度3次元に戻る。高次元に行く。魂の抹消という3種類がある』とおっしゃっていましたが、気づかない人々の魂の多くは、抹消になる可能性がありますね」と。

保江　なるほど、よくつながりました。これが本当のリセットなんですね。

ところで先生、腰に痛みがあるとうかがっているのですが、野口晴哉《のぐちはるちか》という、日本整体協会を作った天才的な治療師の先生をご存知ですか？

もう亡くなられたんですが、僕の大腸ガンの手術を手配してくれた岡山大学医学部の先生で、その人の治療法を受け継いでいる方がいらっしゃるんですね。

僕もしょっちゅうぎっくり腰をやっていまして。そのたびに治していただいています。

腰は、わりと簡単に治せる場合も多いのですが、よろしければ、ちょっとだけ触らせていただいていいですか。

浅川　あなたも教わったんですか。

保江　僕は、門前の小僧のように覚えました。この筋肉の周囲に、筋膜という膜があり、その筋膜が疲労などで張りすぎて緩まなくなったときに、そこからつながっている腰に痛みがくるんだそうです。

この筋膜を緩めてあげると、ぎっくり腰は速やかに治るそうなんですね。

ところが、単に揉んでも筋膜の張りは緩まないので、こうやって押さえ続けるんです。

そうすると、あるときふっと緩むんです。今、緩んだのがわかりますか。

浅川　わかります。

保江　浅川先生の場合はどんどん緩む、緩みが早いですね。なかなか緩まない人が多いんですよ。それに、歳がいくとなおさら緩まなくなる場合が多いんですけれども、非常に早いです。ここが緩んでないと、アキレス腱にも悪影響を及ぼします。

浅川　実は私、アキレス腱の持病で40年ぐらい、ずっと苦しんできたんですね。アキレス腱の周りの骨のあたりから、針のような骨が出てきているらしいんです。

保江　痛そうですね、それは。

浅川　これについては、時期を待つしかないと言われているんです。以前、慶應義塾大学病院に行ったとき、診療室にインターンのような、若い医者がずらっと並んでいました。

主治医の先生が入ってきたので、「なんでこんなに生徒さんがいるんですか」と聞くと、

「珍しい病気だから見にきているんです」と言われたのです。私が、

「そんなに珍しいんですか」と聞くと、

「アキレス腱の損傷というのはあるけれど、あなたのように針状のものが出てくるというのはめったにない。これは痛いでしょうね」と言う。

私の場合は35、6歳の頃からずっと、今でもこの状態です。

ようやくこの4、5年は、おかげさまで年を取ってきたせいか、強い針は出てこなくなっています。

そのため、痛みを出すような大きさまでいくと、ポキッと折れてしまうようですね。

「針を切ってくれたらいいじゃないですか」と言ったら、

「それはできますよ」との答えです。

「じゃあ、なんでやってくれないんですか」と言うと、

「この針状の骨は、絶えず出てくるからです。ですからあなたの場合は、生涯で20回も30回も手術をすることになってしまいますよ」と。

実際、その後は40年近く、痛みは継続的に発生しています。

どうやらこれは、私が持っている一つのカルマのようですね。

講演会にも、松葉杖や車椅子を使って行ったことがけっこうあったんです。

それからというもの、徳乃蔵に来る人たちは開口一番、「先生、足の具合はどうですか、大丈夫ですか」と必ず尋ねるようになりました。それだけ、印象が深かったんでしょうね。

ただ、不思議なことに、それだけ苦しんで40年間やってきた中で、海外に行っている最中はまったく痛みが出なかったんです。

海外に行くのは私の使命だから、そのときは問題がないように、天が助けてくれていたのではないでしょうか。きっとそうだと思います。

大事なことをしているときに、金がなくなったとか、体調が悪くなったなんていうのは、徳積みが不足しているからかもしれませんね。

そうしたときには、たとえ役割を担っていても結果的に成功しないケースが多いようです。だって、アマゾンのようなところに行って体調が悪くなったら、どうします？　命の危機さえありますよ。自然は特に厳しいですからね。

ペルーアマゾンで起きた奇跡

浅川　アマゾンといえば、実は不思議な体験をしているんですよ。

私が訪ねたアマゾンはブラジルのアマゾンではなく、ペルーのジャングルです。

皆さんはあまりご存知ないようですが、アマゾン川の源流はペルーを流れているんですよ。ボリビアの標高4000メートルの高地にあるチチカカ湖という大きな湖から流れ出した川が1000キロ以上、ペルー東部のジャングルの中を流れてブラジルに入っているんです。

ですから、私はブラジルに接した熱帯雨林をペルーアマゾンと呼んでいるわけです。

そのペルーアマゾンを私が数回にわたって訪ねることになったきっかけは、アマゾン川の支流であるウルバンバ川に面した村に、学校を作ったことだったんです。

そして、そこで目にした我が国では見ることのできない色とりどりの野鳥や動物たちを、撮影して出版した写真集が『最後の楽園 PERU』(ヒカルランド)だったんです。

訪ねる先がジャングルの中ですから、カメラを担いで気楽に出かけるというわけにはいきません。まず川を渡るには船を用意し、食糧を積み込まなければなりません。

それには、船長と水先案内人が必要です。さらに食事をする場所などないジャングルの中で1カ月以上暮らすわけですから、料理人《コック》も必要、またジャングルの中をよく知っているガイド、それに通訳など数人に同行してもらうことになります。

そうして訪ねたペルーアマゾン。そこで目にしたのは、30メートル近くある大木の中を飛ぶ、色とりどりの野鳥や蝶、珍しい猿たち。さらに、川の中で魚をほおばるカワウソやカピバラ、そして巨大なクロワニでした。

しかし、いざそれらの姿を写真に収めようとすると大変。特に鳥たちは密集した巨木の中を自由気ままに飛び回っているわけですから、重い望遠レンズを付けたカメラで追いかけて、狙った場面を撮るのは、容易ではありませんでした。

ところが、私のようなカメラを持つようになって4年そこそこの素人が、プロ並みの写真が撮れたんですから不思議ですよね。自分でも驚きでした。

なんといっても不思議だったのは、飛び回っていた鳥たちが皆、私がカメラを向けると、撮影しやすい枝に止まって素晴らしいポーズを取ってくれたことでした。

どうやらそんなチャンスに恵まれたのには、私の過去生が関係していたようです。

実は、私が前世でアマゾンでシャーマンをしていたとき、鳥たちが絶滅しそうな危機的な状況に見舞われた際に、私がそんな鳥たちを救ったことがあったようなんです。

そのことは、3回目にアマゾンを訪ねたときに素晴らしい案内役を務めてくれた、ジャングル生まれのガイドが語ってくれたんです。彼は言ったんですよ。

「鳥たちにはそのときの記憶が残っているから、ジャングルに長年住んでいるガイドの私でも、めったに見たことのない鳥までが集まってきて、ポーズを取ってくれているんですよ」と。

どうやら、彼は幼少時代にアマゾンで生活していたこともあって、シャーマン的な能力を持ち合わせていたようです。

さらに不思議なことがもう一つあったんです。それは、撮影できた鳥たちの名前のほとんどを知らない私が、正確な名をつけて写真集を出版することができたことです。

当時、我が国で発行されていた野鳥図鑑には、私が撮影してきた鳥の名前の多くが載っていませんでした。それに、有名な鳥類学者でさえ私の写真集を見て、よくこれだけ珍しい鳥の名前を探すことができましたね、と感心しておられたくらいでしたから。

それがなぜ、100羽もの鳥たちの正しい名前を記して出版することができたのかというと、実は、ガイドを務めてくれた彼の師匠は、アマゾンに生息する数百羽の野鳥の大図鑑を出版するほどの世界的な鳥類学者だったんです。

そして、その先生が、私たちがクスコに戻ったとき、わざわざ宿泊先のホテルまで来てくださって教えてくれたんです。まさに、ありえないことですよね。

こうした経緯を考えると、ガイドが語ってくれた私がアマゾンの鳥を救ったという過去生は、

マチュワスコで筏に乗って撮影

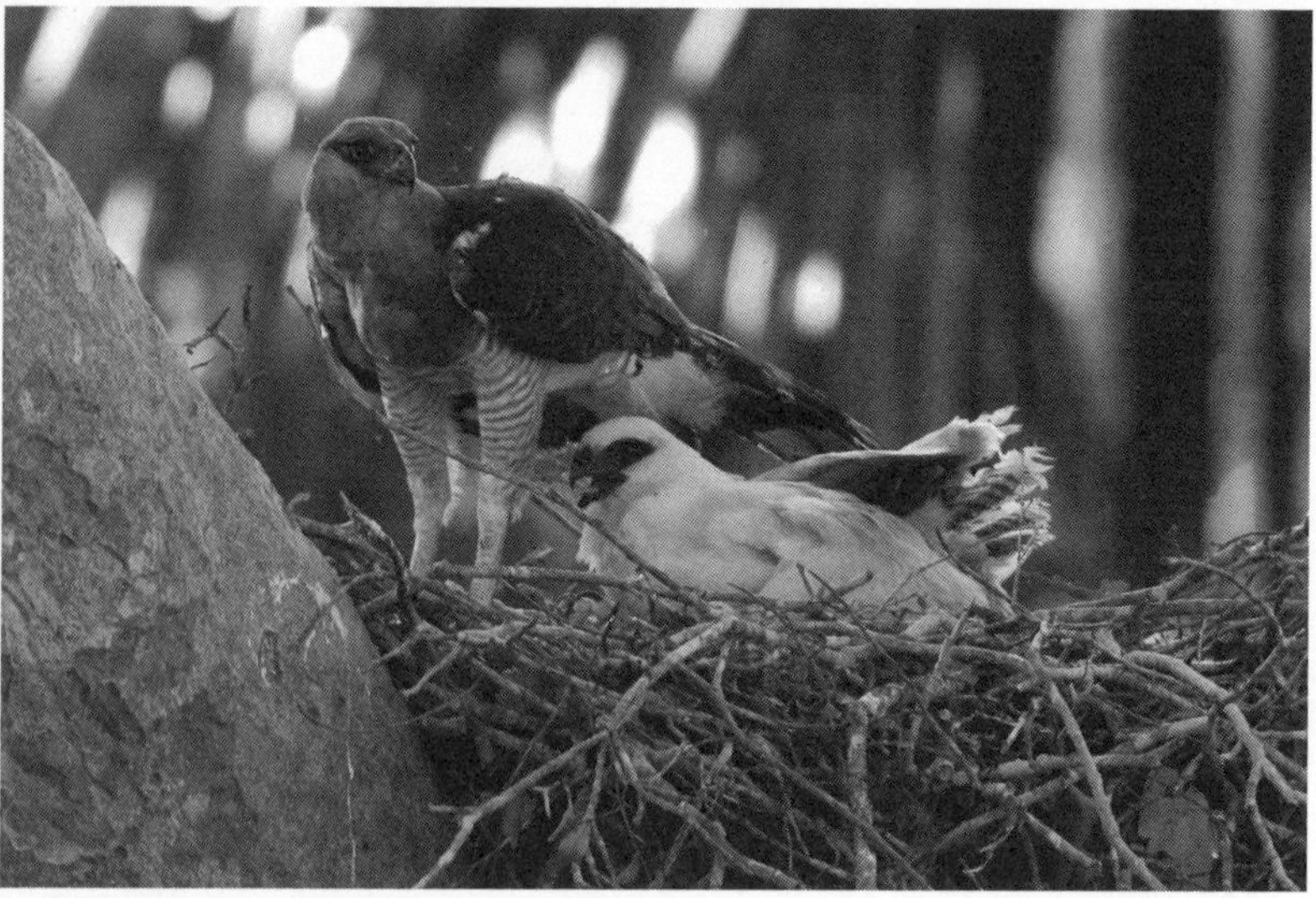

餌をヒナに与えるカンムリ・オウギワシのメス親

事実だったかもしれませんね。

保江　ペルーアマゾンの写真集を出版されたのには、そんな経緯があったんですね。どうやら、浅川先生の過去世を見抜く先住民のガイドさんに出会えたのにも、天のご手配があったようですね。

天が伝える本当のメッセージ

浅川　話は変わりますが、最近、精神世界に関するいい加減な話や、未来に対するあやふやな予言が出回っているようですが、気をつけないと危ないですよね。

私は20年余にわたって、精神世界に関する話だけでなく、宇宙やＵＦＯに関する話、人類や地球に関する話などを幅広く書いてきました。

ですから、「おかしな本を読まれる時間があったら、私の本を何度でも繰り返し読んだらどうですか」、と言うんです。

これからは、まだ保江先生の著書を読まれていない方がいましたら、「その安全性は私、浅川が保証しますから急いで読んでくださいね」、と薦めることにします（笑）。

特に言っておきたいことは、「邪《よこしま》なスピリチュアルに関心を持つな」ということです。

その種のものにやられたら、一巻の終わりですからね。霊能者やチャネラーを自称する人たちの中にも、邪霊に取りつかれその手先と化している人たちもいますからね。

邪霊から目新しいメッセージが下りてきて、それを発信すると面白がり、真剣になって聞く人がたくさんいます。だから嬉しくなってついつい、また……。

しかし、御神事を金儲けに使ってしまっては、それは絶対にダメです。それはあまりに罪深いことですから止めてほしいです。

保江　先ほどお話ししました、卒業生の身体に降りてきたアシュターとワインを楽しんでいたときに、こんな話がありました。

本も出しているある女性が、ユダヤ人が昔、日本のある島に上陸して、そこをシオンの山にしたという話をしているんですね。でも、アシュターはそんなことは嘘だと言います。

そんなデタラメが広まったらいけないので、アシュターはその女性の身体に降りていったんですって。怒鳴って厳重に注意して、十分に懲らしめてから帰ろうと思っていたんですが、降りたところで気がついたらしいのです。

彼女の言っていることはまったくの間違いなんだが、本人的には全然悪気がない。ただ、信じこんでいる。

そして、いざ食べ物がなくなったときのために、自然農法で作った野菜などの保存食のメーカーを経営しているんです。人のため、社会のための仕事なので、人間の行いとしては非常に良いことなんですね。

ここで叱ってしまったら、おそらくしょげかえって、保存食の開発も中止してしまうかもしれない。それではいけないと、鬼の心を抑えて、一言も文句を言わずにそのまま帰ってきたと言いました。間違いを信じて広めるという、結果的には道を外れたことをしていても、人助けのために働いているので怒れなかったんですね。

浅川　そういうこともあるでしょう。

よくあるのは、おかしなものに支えられているのに、本人はそれに気づいていないという状況。

保江　邪霊に憑かれた悪人というのは気の毒ですよね。だまされて他人までだましてしまうのですから。でも、人間以外の動物はだませません。今も目の前で、浅川先生の飼い犬と飼い猫が近くで遊んでいますけど、純粋で可愛らしいですね。

愛猫ステラと愛犬ルナ

浅川　そうですか。猫の名前は「ステラ（星）」、犬は「ルナ（月）」です。この子たちは猫と犬という種が違うもの同士ですが、とても仲良くしています。夜には寄り添って寝ていますからね。

なのに、より知性が高いはずの人間同士が、争ったり殺し合いをしているのですから、おかしな世の中ですよね。

人間は、だましあうからいかんのです。犬や猫はだますということをしないからいいのです。そして嘘をつかない。いいものはいい、いやなものはいやと表情や態度に表す。

保江　人間もせめて、犬や猫のように生きれば、「伸びやかに、軽やかに、あなたのままに」生きられるんですけどね。

ノーベル受賞者が守護霊に言われたこと

浅川　徳が低い人たちは、なかなかそうはいかないんですよね。

例えば、ノーベル賞を受賞したヨーロッパの学者が亡くなったとき、守護霊さんが迎えにきたんです。

そして、あの世へ向かう道中で、守護霊さんにどのように扱われるか不安があったんでしょう。

「私、ノーベル賞をもらったんですよ」と話しかけたようです。

そんなことを言ったら、この世なら誰でもが尊敬の眼で見てくれたでしょう。

でも、守護霊さんは、なんの反応も見せない。それで聞こえなかったのかと思い、もう一度言ったんだそうです。そうしたら、

「それがどうしたんですか?」と、冷ややかに言われたそうです。その後、ノーベル賞受賞者の霊は、

「あんなに恥ずかしいことはなかった」とメッセージをしてきたそうです。

要するに、ノーベル賞の受賞なんてものは、この世にいるときにしか役に立たないものなのです。

ノーベル賞受賞者といっても、受賞に至るまでには、その多くの方々が御自身のお金でなく

他人様《ひとさま》の資金を使って研究しているケースが多いわけですから、まずは支援をしてくれた国や組織、国民に向かって感謝をすること、そして、「自分が為したいと思ったことを今日まで続けてこられたのは、それに必要な資金的支援があったからこそです」と、言うべきではないでしょうか。今は、そうした資金的支援がなければ何一つできない世の中ですから。

そもそも、ノーベル賞という制度の裏には、学者をコントロールしようとする面が見え隠れしていますよね。中国人の受賞者が極端に少ないことが、それを示しています。


私は、会社を退職してから世界に飛び出し、嘘で塗り固められた歴史の過ちを正すべく、エジプトのピラミッドやペルーのマチュピチュ、ナスカの地上絵など、これまでに世界各地に残された遺跡の多くを探索してきました。その回数は20回を超しています。

そのために要した費用は全て自費。おかげさまで、退職金のほとんどがなくなってしまいました（笑）。


その点、学者の方々は、勤務先の学校や所属する研究機関などの支援を受けて研究することができ、自身のお金を使う必要はないわけですから幸せですよね。

それはそれでけっこうなことですが、問題はそういう方々の中で学者という地位を振りかざして、平然と嘘事を世に広めている研究者がいることです。お名前は出しませんが、有名な大学の考古学者で、長い間、エジプトで発掘調査に携わってこられた方も、その一人ではないかと思っています。

その学者の主張している嘘事というのは、エジプトの大ピラミッドをはじめとする三大ピラミッドは、4000年前に栄えた古代エジプト王朝が建造したものであるという説です。

彼は、エジプトで長年にわたって発掘調査をしてきていたために、定説とされているエジプト王朝建造説を主張せざるを得なかったというなら、やむを得ないということになるかもしれませんが、いろいろなテレビ番組に出演して間違った学説を広めてきていたことを考えると、それは許されないのではないかと思います。

彼は、長年にわたってあの巨大な建造物を間近で見続けていながら、このようなものを4000年前のエジプト人に造れるはずがないと思うことがなかったのでしょうか？自身の地位や名声を守り発掘調査を続けるために、定説の間違いを意図的に受け入れてきたというならわかりますが、本気でそう思っていたとしたら、もはやそれまでですよね。

実は、私と同じ思いをお持ちのヨーロッパの考古学者と、十数年前にピラミッドの前で遭遇することになったのです。私を日本人だと知って彼が最初に聞いてきたことは、

「多くの日本人は、ピラミッドはエジプト王朝によって建造されたものでないことはわかっていますよね」ということでした。

私は、「なぜ日本人がそう思うのですか？」とお聞きしました。すると、返ってきた答えは、「だって日本人の名の知れたピラミッド学者が、テレビ局と一緒になって制作した番組で、十数メートルの高さのピラミッドを、当時の技術で再建しようとした計画が見事に失敗したのを、あなたたち日本人は見ているはずだからですよ」だったんです。

その番組は、私も見た記憶があるのですが、確かにピラミッド古代王朝建造説を証明しようと、4000年前の工具や手段を使って石切り場から切り出した石を運び、小さな船に乗せ、ギザの大地に運んでピラミッドを再現しようとするものだったと思います。

彼らが最初に挑戦したのは、王朝時代の機材で石を切り出すこと。

しかし、それは容易なことではなく、必要な全ての石を切り出すのには時間が掛かり過ぎるため、電動カッターを使い、その後、建設現場のギザ台地まで人力で運ぼうとしましたが、これも無理。

また、船に乗せてナイル川を渡ろうとしたがそれもうまくいかず、結局、トラックに石を乗せて橋を渡って建造現場に到着したというわけです。

その後、運んだ石を積み上げることは何とかできたものの、最上段にキャップストーンを運び上げる作業は、さまざまな手段を尽くしたもののすべてがうまくいかず、最後は重機・クレーンを使うことになったのです。

しかし、それもまた困難を極め、クレーンからキャップストーンが落下して、作業員が危うく大けがをするところとなりました。

実は、このテレビ番組の制作に深く関わっていたのが、例の有名なピラミッド学者だったんです。ですから、ヨーロッパの学者たちも、この番組を興味津々と見ていたようなのです。

そして、ピラミッド建造がうまくいかなかったのを見て、何人かの学者たちは、考古学会で定説とされている「ピラミッド・エジプト王朝建造説」を鵜呑みにすることはできない、と悟ったようです。

だから、多くの日本人もそれに気づいたに違いないと、考えていたというわけです。

ところが、建造現場で指揮をとっていたはずの我が国の有名な考古学者が、今もなお、エジプト王朝建造説を主張し続けているのですから驚きですよね。一辺の長さが230メートル、高さが140メートル、積まれた石の数は300万個、そんな巨大ピラミッドの前に立っただけで、とても4000年前のエジプト時代に造れる代物でないことはわかるはずです。

私は、最初にピラミッドの前に立ったとき、使われている石の数を数えようとしているうちに首が回らなくなった瞬間、これはとてもエジプト王朝によって建造できる代物ではないなと確信したのです。

一辺の長さが数十メートルから240メートルに達する石段を、一辺、一辺、その方位を、正確に測量しながら積んでいくことになるわけですが、方位計一つない時代に、どうやって正確な方位を確認することができたというのですか！

私が学者の唱える定説の間違いを長年にわたって唱え続けてきたのは、そうした裏付けがあったのです。

それに、皆さんあまり話題にしませんが、大ピラミッドの地下には幾つかの空間があり、そこに降りて行くための通路もあるのですよ。私はそこに入ることができた珍しい人間の一人なので、そのすごさを知っているのです。

そして最近、その地下室から驚くべき遺物が発見されているんです。

しかし、そういった発見物の多くは正式に公表されていません。どれもが皆、4000年前のエジプト王朝時代の遺物とは思えないものだからに違いありません。

ときには、わざと爆弾テロなどを起こして観光客を遮断した状況下で、発掘が行われたケースもあるのですよ。

学者が唱える人類や地球の歴史の間違いを正す証拠は、その他にも多々あります。数えたら切りがないほどです。だからこそ、私は歴史の真実を多くの人々に知ってもらおうと、私財を投げ出して世界各地を飛び回り、遺跡の探索を続けてきたというわけです。


実はもう一つ、エジプト王朝によるピラミッド建造説が、いかに欺瞞《ぎまん》に満ちているかを裏付ける興味深い話があります。それは、我が国の大手ゼネコンが、大ピラミッド建造に関する、設計上の挑戦を試みたことに関する話です。

それを知ったのは、まだ私が会社の役員をしているときでした。

その会社とは取引関係があったので、あいさつにお邪魔した際に、役員の方から、その計画に関する話をお聞きすることができたのです。もちろん、その会社が本気でピラミッドを建造しようとしていたわけではなく、我が国を代表する大手建設会社に身を置く設計師さんたちにとっては、一度は挑戦してみたかった腕だめしの建造プランだったようです。

その計画の概略をお聞きしたところでは、巨石を運搬するには大型のトラックやトレーラーを使い、運ばれた巨石を積み上げるには、何基もの巨大なエレベーターを導入することになったとのことでした。

しかし、最後に難問に遭遇するところとなったようです。

それは、先ほどのテレビ局の超小型ピラミッドの建造計画でも遭遇することになったのと同じ難問で、キャップストーンをどうやって最上段に設置するか、ということでした。これだけはさすがに、現代の建造技術をもってしても成しえない難問だったようです。

保江先生、その会社の設計師たちが最後に選んだ手段は、なんだったと思いますか？

保江　いやー、わかりませんね。140メートルの高さではクレーンは使えませんよね。いったいそれはなんだったんですか？

浅川　実は、ヘリコプターを使うことだったようです。しかし、これにも問題があったようです。というのは、設計に挑戦した当時の飛行技術では、何十トンもある巨大な四角錐のキャップストーンを、140メートルを超す高さまで運ぶことは無理だったからです。

しかし、その後、軍事面でそうした技術が必要となったことから技術開発が進んで、今では

サクサイワマン遺跡

可能となっているようですが。

私がこの話をお聞きしながら思ったことは、大ピラミッドを含めてギザ台地に建つ三つのピラミッドを建造した人々は、重力をコントロールできる技術を保持していたに違いないということでした。

重力コントロールができない限り、ピラミッドは絶対に建造できないことを、今お話しした大手ゼネコンの建造計画が教えてくれていたからです。

実は、重力コントロールは、ピラミッド建造のために必要だっただけでなく、ペルーのサクサイワマン遺跡など、いくつかの遺跡の建造にも必要な技術であったのです。

サクサイワマン遺跡では、縦幅およそ5メートル、横幅4メートル、奥行き2メートルほどの、300トンを超す超巨大な石が使われています。そんな巨石を、遠くから運ぶことができるわけがないからです。

ナスカの地上絵が、2000年前のナスカ人に造れなかったのと同様、大ピラミッドもサクサイワマン遺跡もまた、エジプト人やインカ人に造れるものではなかったのです。

こうしたことは、私のように、世界中を飛び回って、自分の目で一つ一つを確かめた人間でなければ、なかなか言うことはできないですがね。

保江　いや〜驚きました。こんなお話は、浅川先生からでなければ絶対に聞けないですね。

カブレラストーンに描かれた人間と恐竜の共存の証《あかし》

浅川　それでは、ここで、カブレラストーンのお話をしましょう。

カブレラストーンというのは、ペルーのナスカの地上絵が描かれているところの近くにあるイカ砂漠から発見された石です。

それは、なんともはや大変に不思議な石ですが、その石の存在をイカという町の開業医をし

恐竜と戦う姿が彫られたカブレラストーン

ておられたハヴィエル・カブレラ博士が知るところとなって集めたことから、「カブレラストーン」と呼ばれるようになったのです。

それらの石は大変硬い石ですが、そこには脳外科の手術や心臓の摘出手術の様子や、天体を望遠鏡を使って観測している様子、さらには恐竜と人間が共存している様子などが描かれているのです。

そんななんとも不思議な絵が彫られたのが、最近のことなら別段驚くほどのことはないのですが、その石がイカの砂漠から発見されたのは今から30数年も前のことだったのです。

恐竜についての詳しいことを研究者たちが知り始めたのは、今から50年ほど前のことでした。ですから、私の学生時代には、一般の人で恐竜に関する知識を持っている人などいませんでした。ましてや、イカの砂漠に住む農民が恐竜の詳細を知ることなどできるわけがありません。

ところが、そうした時代にイカの砂漠から見つかった石には、いろいろな種類の恐竜の姿やそうした恐竜と人間が戦っている姿が彫られていたのです。

つまり、カブレラストーンは、存在するはずのない石だったんです。ですから、カブレラ博士が関心を持って収集した気持ちがわかろうというものです。

博士が集めたのは、もちろんイカ砂漠からです。バジリオ・ウチュヤという男と一緒に集めたのですが、その男というのは、最初にこの奇妙な石をカブレラ博士の元に治療代の代わりに持ってきた男だったんです。二人は夕方から夜にかけて砂漠に行き、必死になって集めたようです。

そうして集めた石は、見れば見るほど不思議な石だったので、博士はこれは人類の歴史を根底から覆すことになるかもしれないと思って、収集した数十個の石を病室に陳列して、考古学者に見てもらうことにしたのです。

ところが、考古学者は誰一人として訪ねてこなかったといいますから驚きです。来たのは、若手の研究者数人だったようです。

そして、その後に街に広がったのは、カブレラ博士の集めた石はイカの農民たちが金欲しさに彫ったものだという噂だったのです。

石が最初に発見されたのは、今申し上げたように、今から30年も前のことです。そんな昔にイカの砂漠で暮らす農民たちがどうやって恐竜の姿を知ることができたというのですか。さまざまな種類の恐竜の姿を描き、そうした恐竜と戦っている人間の姿を彫ることなどできるわけがないではないですか。常識で考えたらすぐにわかることです。

実は、カブレラ博士から考古学会に石の調査をお願いしたときには、すでにこうした石はある程度、出回っていたので、考古学者たちも目にしていたようです。

そして、これは大変な石で、まさに自分たちが語ってきた人類の歴史を覆すことになることを悟っていたのです。しかし、もしもそれを世に出したら、考古学の世界からつまはじきにされてしまうこともわかっていたのです。

ですから、関わったら自分の地位や名声に傷がつくことを恐れて、せっかくカブレラ博士が時間をかけて集めてくれたのに、見に行くことすら拒否したというわけです。

どうやら、今から数万年前、ペルーの地、ナスカの地上絵が描かれた一帯に住んでいた人々は一時、恐竜と共存していたことがあり、文明も考古学者の語る内容とははるかに違った、進んだ文明を持っていたようです。

なぜなら、先ほどお話ししたように、カブレラストーンには、心臓摘出手術や脳外科の手術の姿ばかりか、筒状の天体望遠鏡を使って天体を観測している様子も描かれていたからです。

考古学界には、すでにできあがった地球や人類の歴史観があります。それは、人類は数万年前に誕生し、最初の文明はエジプト、メソポタミア文明であったという歴史です。

したがって、こうした歴史を根底から覆すことになれば、彼らの立場はなくなってしまいますね。

ですから、歴史の一部を修正する程度の発見をした学者にはノーベル賞を授けますが、根底から覆すような学説は封印して、絶対に世に出させないのです。つまり、カブレラストーンが世に出ることは、考古学者たちにとって絶対に許されることではなかったのです。

どうやら、そんな石に私が出会ったことには深い意味があったようですが、残念ながら、私がその石に出会えたときには、すでにカブレラ博士はこの世の人ではなくなっていました。

しかし、そこで出会えた博士のお嬢様・エウヘニアさんは、私が世界中を飛び回って歴史の真実を世に出そうとしていることを知って、

「あなたのような方が世にいることを知ったら、さぞかし父は喜んだに違いありません。あなたが話してくれたマチュピチュやナスカの地上絵に対する考え方は、父が生前言っていたこととまったく一緒です」と言って、涙ぐんでいました。

その後に、彼女は言いました。

「あなただったら、この石をどのように調べようが、写真に撮ろうが好きにしていただいてけっこうです。そうして、歴史の真実を世に出していただけたら、父もきっと喜ぶことでしょう」と。

そうした経緯があった後、数日間にわたって展示場を閉鎖していただき、カブレラストーンの撮影を許可してくださったのです。世界広しといえども、それが許されたのは私だけでした。そして、

「必要な石があったら日本に持って行かれて、展示されたらいかがですか」とおっしゃっていただいたのですが、写真を撮らしていただけただけで十分ですと、丁重にお断りして帰ってきました。

その後に訪問した際に、プレゼントしていただいた二つのカブレラストーンは、今も書斎の

机の上におかれており、私にとって何よりの宝物となっています。

どうやら、カブレラ博物館に展示されている石を渡されたのは、私以外ではスウエーデンとノルウエーの皇室だけだったようです。

なぜ、私ごとき凡人がそんな貴重な石を手にすることができたのか、その謎が実はペトロ・ホボット氏が我が家に来られた際に、明らかにされることになったのです。

それでは、その話をしましょう。

先ほどお話ししたソ連の諜報員であったペトロ・ホボット氏が来られたときに、カブレラ博物館の話をすると、彼も、

「私も、何度もカブレラ博物館に行きましたよ」と言うので、

「じゃあ、あなたの見たことのない、本物のカブレラストーンを見せてあげるよ」と言ったら、かなり驚いたようでした。

「あなた、あの貴重な石を持ち出したんですか」と聞くから、

「勝手に持ち出したのではないよ。お嬢さんのエウヘニアさんから渡されたんだよ」と答えました。彼はじっと私の顔を見て、

我が家でカブレラストーンからエネルギーを受けるペトロ・ホボット

「そんな人は、地球上で誰もいませんよ」と言うんです。

そこで、いただいてきたカブレラストーンを見せてあげると、

「これはすごいパワーだ！」と大声を上げていました。そしてしばらくの間、じっと私の顔を見つめているので、

「さっきから私を見てるけど、どうしたの？」と尋ねると、

「この石が、浅川パパのところに来た理由がわかった。

あなたがアマゾンとアンデスでシャーマンを6回やっていたときに、この石を使っておおぜいの先住民を癒やしたんです。

だからこの石は、あなたがペルーに来ることを知って、あなたの元に行きたくても

のすごいエネルギーを使ったんです」と答えました。

その一言で、私が過去生で6回シャーマンをやっていたことや、そのときカブレラストーンを使っていたことなどが、みんなつながってきたんです。

世界中で、カブレラストーンの写真展ができるのは私しかいない。他の人は撮影の許可がもらえませんからね。

観光で行って盗み撮りしているのなんかは、話にならない。

私の場合は4日間かけて、主要な石の多くを詳細に撮らせてもらったんです。

数十個の石を撮影するのに、なぜそんなに日数がかかったかというと、照明をつけて撮ると、石の上のほうが不自然に光って下が暗くなるので、まず部屋の照明を全部消すんです。そのためには、ある程度のシャッタースピードが必要なので、5～6秒ほど開けて撮ります。

でも、博物館の前が大きなロータリーになっているから、いくら三脚を使っても、大型車が通ったりすると揺れてボケてしまう。

だから、一個の石を撮るのにかなりの時間がかかることになったというわけです。

帰国後に、撮影した写真の展示会をしましたが、人が館内から溢れるほど集まりました。どなたも皆、すぐには部屋を出ず、次々と人が入って来るから、館内はすごいエネルギーでした。

カブレラストーンとの縁が結ばれたとき、私がアマゾンやアンデスで暮らしていたことは間違いないと確信しました。

そうでなければ、私にだけ石が渡されて、世界でたった一人だけ写真撮影が許されるなんてありえないでしょう。

こうした経緯で私が書き上げたのが、『恐竜と共に滅びた文明』(徳間書店)です。

地球の反対側にある国へ、私のような凡人が行って撮影させてもらえるというのは、なにか縁がなければありえないことですよね。

カブレラストーンを無視した学者は、大きなカルマを背負います。

そして、私がその本を出した後、日本で大きなイベントがあったんです。

それは、２００５年に名古屋で開催された愛知万博でした。

そのときに、ある人物から、

「浅川先生のカブレラストーンの本を読ませてもらって、興味深かったです。今度の万博に展示してもらったら、皆さん喜ばれると思いますので、ペルー政府に展示させてもらえるよう、依頼してくれませんか」と言われたんです。

それで、ある要人を介してペルー政府にお願いすることにしたんです。

「うまくいくといよいよ、日本で世界を驚かすような展示ができるぞ」と期待に胸を膨らませていたんです。

しかし、しばらくして、「ペルーの学者が、あれは偽物だと言っているので、ペルー政府としては展示するわけにはいかなくなりました」と、大使館から連絡が入り、展示は叶わなくなってしまったのです。

これは、とんでもないほど大きな罪ですよ。人類と恐竜が一緒にいた時代があったという、人類の歴史に対するこれまでの常識を根底から覆すことのできるチャンスをつぶしたのですから。

その結果、歴史は結局そのまま変わることはなかったというわけです。

私はそういうことを、これまでに度々体験してきています。本当に、学者というのは罪が大きいです。

殺人の罪のほうが、まだ行く先が楽だということを上から言われたことがありました。このような罪を犯した者は、とてつもないところへ行くと言っていました。

それは、「地獄が天国に見える世界」です。

世界中74億の人間に、権威を笠に着て嘘の世界を教え込んでしまった罪は大きいのです。

一般の人が、嘘いつわりを何十回言っても致命的にはならない。しかし、歴史の真実を人の上に立って教える立場にいながら、自分の身を守るために嘘を教えていたのですから、その罪は大きいですよ。

人類は、太古から文明を持っていましたが、ペルーでは一時でしたが、恐竜と共存した時代があったようです。それについて、ペトロ・ホボット氏は大変興味深い話を伝えてくれましたので、簡単にお伝えしておきましょう。

彼が言うのには、ナスカの地上絵が描かれた一帯は次元が高く、シャーマンだけでなく、一般の人でもパラレルワールドとの出入りができていた時代があったようです。

そして、訪ねた先のパラレルワールドにいた恐竜を部族間の戦争に利用しようと、連れてきた種族がいて、彼らはその恐竜たちを使うことによってナスカ一帯の覇権を握ったらしいのです。

しかし、パラレルワールドを移動した恐竜たちには、移動先に留まる時間的な制限があったようで、連れてきた恐竜たちはあるとき、突然消えてしまい、元いた世界に戻ってしまったようです。

その結果、その民族は他の民族を統治していた武力を失ってしまったために、滅ぼされてしまったとのことです。

今でも彼は、地上絵の描かれた場所で異空間に移動することがあるようなので、彼の話は信頼できる話ではないかと思っています。

いずれにしろ、カブレラストーンを残した人々は、恐竜と共存していたことは間違いないようです。

保江　パラレルワールドですか。

３次元世界と共存するパラレルワールド

浅川　パラレルワールドというと、以前は私も単純に考えていたのですが、どうやらいろいろな世界が存在しているようです。この話は珍しいパラレルワールドの話ですので、お伝えしておきましょう。

ある女性が家でくつろいでいるとき、別世界に旅立ったような気がしたそうです。しかし、移動したと思われる部屋の様子が自宅とまったく同じだったので、錯覚だったんだと思って、そのままソファーに座っていたそうです。

そうしていると、その女性のおばあちゃんが彼女に会いにきました。

何気ない挨拶をすると、おばあちゃんが、

「昨日はどこに行っていたの」と言うんだそうです。

「昨日は家にいたよ」と言うと、

「なにを言ってるの。私が来たときに、あなたはいなかったじゃない」と、おばあちゃんが言うのです。

「おばあちゃん、頭がおかしくなっちゃったんじゃないの。昨日は私、ここにずっといて、おばあちゃんは来てないでしょ」と言ったら、

「おかしなことを言うね」と。そのときはそれで終わったそうです。

そして別の日、また、おばあちゃんが来ました。彼女は、

「もう少ししたらチビちゃんが帰ってくるから、待っていてね」と言ったら、おばあちゃんは、

「お前は、この前もおかしなことを言ってたけれども大丈夫？」と怪訝そうな面持ちで聞いたそうです。続けて、

「だって、チビはもう3年前に亡くなっているでしょう」と。そこで彼女は、

「なにを言っているの？　3年前に亡くなってるわけないじゃない。もう帰ってくるんだから」と返事しました。

しかし、彼女が訪ねたパラレルワールドの世界では、3年前に子供は亡くなっていたのです。

こうした体験談をお聞きすると、同じ3次元の世界でありながら、このようなよく似ていながら、一つ、二つの環境が異なるパラレルワールドが、同時並行的に進んでいるようですね。

彼女が訪ねたパラレルワールドの環境は、自分の家庭とそっくり。違っていたことの一つは、子供を亡くしていたという点。

それは、幼い子供を亡くしたときのショックを体験し、それを乗り越えるための勉強をするのに必要だったのでしょう。

彼女がもう一つの違いを感じたのは、ご主人がお勤めから帰ってきたときでした。

「お帰り」と言って「今日こんなことがあったのよ」と霊的な話をしたようです。普段、一緒に住んでいるご主人はそういった話が好きだったので、興味を持って話を聞いてくれるかと思ったら、

「おかしな話をするんじゃないよ。俺はそうした話は嫌いだと前から言ってきただろう」と強く叱られてしまったのです。

どうやら、パラレルワールドのご主人は、その手の話が嫌いだったようです。

このように、環境の違うパラレルワールドに身をおいて、一度の転生では学べないことを学

んでいるケースは多いようです。大元の魂は一つだけれど、分魂となってさまざまな環境に身をおいて学ぶのには、パラレルワールドが必要だったというわけです。

そこまでして最後の学びをしているということは、どうやらこれから先、残された時間が少なくなってきていることは間違いなさそうですね。

もしも、転生を何度も繰り返すことができるほど時間が残されているようなら、彼女が体験したようなパラレルワールドは必要ないはずですから。

保江　今のお話で、思い出しました。

僕は記憶力が良いほうで、子供の頃からの情景がそのまま脳裏に残っています。

そういう情景を思い出しながら語れば、記憶がどんどんよみがえってきます。

そして、あのときはこうだったよねという僕の記憶と、他の人の記憶が食い違うことがけっこう多いのです。

結局、僕の記憶を結んでいくと、ものすごく運に恵まれていて、どういうわけか良いことばかりが奇跡的に起きているんですね。

でも、それぞれの現場にいた人で、本にはこう書いてあったけれども、あのときはそうではなかったとわざわざ言いにくる人もいます。

僕もそのときの状況をはっきり言うのですが、「いや、俺の記憶は違う」と反論されたりして、そのときにいた別の人も、また他のことを言うんです。

まさに、それぞれのパラレルワールドの、あらゆる可能性が同時進行で起きている。その中で、僕にとっての真実の世界がずっとつながっている。

そこに居合わせた人たちも含めて、その真実の世界ができているんですね。でも他の人とはそれが一致しない場合が、最近非常に多いんです。

浅川　世界がバラバラなんですね。

保江　そうなんです。お前はあのときにこう言ったはずだと、怒って敵対するような表現を使われることもあります。

そんなこと言うわけない、絶対に言っていないと僕も反論するんですが、向こうも絶対に認めません。でも、彼も嘘を言うような人でもない。

まさに、真実百面相、その人から見た事実と僕から見た事実がまったく違うんですね。

他にも、中央本線の電車に乗ったとき、塩尻に着くのは何時だろうと思って時計を見たんですね。時刻表では、10時15分到着のはずだったんですが、時計の針は、もう11時を指していました。

塩尻を通過した覚えがないのに、おかしいなと思いつつ手帳を出して確認すると、到着予定時刻はやはり、10時15分と書いてある。もう一回時計を見たら、10時でした。

単なる勘違いと思われるでしょうが、その直前の時計の針は、確かに11時になっていたんですね。

本当に、自分の認識ですらさまざまであり、あいまいになってきています。

僕が思うに、今、奇跡的な教えが降りてくる臨界点のようなところなのではないでしょうか。

3次元世界の現象がたくさんの矛盾をはらむようになり、意外なところに綻《ほころ》びが見えていて、もはや、時間というものは存在しないのかもしれません。

その人間が今、最も注目していることに直接つながるような世界が、そこにできてしまう。

人間の意識で世の中が形作られていく度合いが、非常に増してきている。

みんながスマホを見てＡＩにコントロールされ、神様のことを考えなかったり、欲ばかりで徳を積まなくなると、浅川先生がおっしゃるような世界が具現化してしまうような気がします。

浅川　もう、現にそうなってきていますよね。

保江　本当に一度、神様がリセットしてくれたほうが、むしろいいのかもしれませんね。

第三章　地球のアセンションと魂の抹消

太陽の次元上昇が起こす地球のアセンションと魂の抹消

浅川　私の未来感では、極めて近い段階でリセットが来ると考えています。

ただし、私がつい最近までわからなかったのは、地球がアセンション、次元上昇するということは間違いないが、どういうきっかけで起こるのかということだったんですね。

それが、アメリカ人のコーリー・グッドという男性が、裏社会や宇宙人の話など、聞いたことがないような貴重な裏情報を表に出してくれたんです。

これは衝撃でした。本当に、命がけで出してくれた情報です。私のホームページを読んでおられる方は、すでにご承知のはずです。

彼が言うのは要するに、「地球がアセンションしようとしているのではない。太陽そのものが次元上昇する、高次元になっていく。その結果、地球もアセンションする」ということです。

太陽は今、黒点がほとんど消えた状態になっているんです。全部が消えた後、一定期間が経過した時点で、黒点が一気に発生して、太陽全体が黒点だらけになる。

そのときに放たれるソーラーフラッシュと呼ばれるエネルギーはものすごいものだから、太陽系の惑星はその影響を受けて大変動し、地球をはじめ、金星や火星にも、新たな高次元世界ができあがる。

それが、これから起ころうとしているアセンションの実態で、もう防ぎようのないことだというのです。

太陽系全体が、すでにその圏内に入ってきているそうです。

地球のアセンションは派生的なことであって、重要なのは太陽そのものの次元上昇。

太陽系の惑星はすべてその影響を受けますが、そのとき3次元の地球は生まれ変わって、原始の状態に戻ると同時に、高次元世界が出現する、というわけで、地球には二重世界が誕生することになるようです。

こうした流れは、理科系の人間である私自身が聞いても、納得がいくんです。

最初、私は地球は3次元から高次元の星に移行するんだとばかり思っていました。

ところが、そうではなく、3次元と高次元が両方、並行して共存することになるようです。

そのときに地球にいた生命体は、三つの行き先に分かれる。これは、私が前から講演会で言ってきていたことです。

一つは新しく誕生する高次元世界に進み、もう一つは再生した3次元の地球へ生まれ変わり、あとは魂の抹消。

16年くらい前から、私は「魂の抹消」ということを講演会で言うようになったんです。

最初の頃は、まだそんなことを言う人はいませんでした。でも、なぜかそれを語るようになったんですね。

東京で講演をしてから、次の開催地である札幌に向かう飛行機の中で、「今日は魂の抹消の話を少し長めに、30分ぐらいしたよな」と思い出していました。

けれども、「いったいなにを根拠に自分はそんな話をしているんだろうか？」と考えると、その出所が思いつかないいんです。

それで、急に恐ろしくなって、確たる根拠もないのにあれだけのことを言って、間違いだったら後悔することになるぞと、自分を責めていました。

そういうこともあり、札幌の講演以降、その話を一切しなくなったんです。

その後しばらくして、マオリッツオ・カヴァーロという男性と対談をすることになりました。彼は、クラリオン星人とずっとコンタクトしてきている男です。

対談の最中に私がふと思いついて、

「そうだ、ちょっと通訳さん、話題が変わるけれども、カヴァーロに聞いてみてほしいことがあるんだ」と言って、

「私は魂の抹消ということを講演会でよく言うようになっていたんだけれども、どうもその出所がわからないのでやめてしまっている」と伝えて、さらに続けようとしたら、通訳が、

「ちょっと待ってください」と言います。そしてカヴァーロが、

「浅川先生がおっしゃっていることは間違いないと言っています」と言うのです。私は、

「間違いないといったって、まだ通訳してくれてないだろう」と言うと、通訳は、

「彼は、全部わかっているようですよ」と言います。

通訳はさらに、

「浅川さんの言っている魂の抹消というのは、すでに起きていると言っていますよ。ただ、あなたの言うことには部分的に間違いもある。

そして、あなたは非常に稀な、世界的に見てもほんの一にぎりの人間のうちの一人だとも言っています」と。

実は、私がそのとき魂の抹消の対象として考えていたのは、アメリカ大統領であったブッシュ親子だったんです。

アフガン戦争、イラク戦争によって、中東に悲惨な状況を引き起こし、何千万という人間を不幸にしたのは、あの親子じゃないですか。湾岸戦争だってそうでしょう。

私は、あんな奴らがただ死んで、また地獄に行ってもよみがえってくるなんて、そんなバカなことはあるはずがない、あんな奴らこそは二度とよみがえれないように、魂として抹殺されるに違いないと思っていたのです。

通訳が言います。

「あなたの言うことはおおむね正しいが、間違いもあります。その人数は、あなたが考えているものと桁違いなんです」

「それはどういうことですか?」と聞いたら、

「あなたは、抹消されるのはほんの一部の魂だと思っているようですが、地球を離れる魂の中で、比率が一番高いのは抹消される魂なんです」と言うのです。

さすがの私もびっくりして、

「カヴァーロ、あなたの言うことは素直に受け入れるけど、それはさすがにないと思うよ」と言いました。

「抹消が一番多いなんて言ったら、人間はなんのためにこの3次元の苦しみと悲しみの中で学んできたんだ? いくらなんでも、そんなバカなことないだろう」と続けたら、

「わかっている」と。

「今は、その人数については受け入れなくていいから、魂の抹消があるという話は、そのまま語り続けなさい。それも、あなたの役割だから。

今は無理してわかろうとしなくていい。いつか必ず、私の言っていることが理解できるようになるから、そのときにカヴァーロがそう言っていたと思い出してくれれば、それでいいんだ」と言われました。

それから5年ほどたって、抹消される人間は、そんなに少ない数ではないということに気づくようになり、今はもう、抹消だらけだと言われても逆らえないなと思っています。

3次元にまた生まれ変わり、一から出直す魂も多い。

私の今のおおよその想定では、抹消が70％、20％が3次元に戻り、高次元へ進める魂は10％といったところでしょうか。

もしかすると、5％程度かもしれませんね。

保江　そうですね。5％というのは、なんとなく僕も感じていました。5から良くて10、はっきりとはわからないけれども、そのくらいの比率になるんじゃないですか。

浅川　あるとき、私がそんな話をしていると、龍神様の話をしてくれた少年が、「そこまで気づけば大したもんだ」と言ってくれたんです。それで私が、

「ルーズベルトなんて、神国日本に原爆を投下したり、悪行三昧だったよね。

それだけの悪さをした奴は、他にもわんさかいるね。

しかし、彼らが魂の抹消になって、なんの苦しみもなくサッと逝ってしまうんだったら、どうっていうことないよな」と言うと、彼が「へへへ」と笑います。

「なに？　どうしたの」と聞いたら、

「そんな甘いことが、あるわけがないだろう」と言うんです。そして、

「ただ生きて死んで、魂の抹消になるというなら楽なもんじゃないか。だから、何億もの人間に苦しみを与えた者は、抹消される前に、何千回もの死を体験するんだよ」と。

「何千回の死ってどうやって体験するの？」と聞いたら、

「聞かないほうがいいよ」と言いながら、ちょっとだけ教えてくれたんです。それはもう、凄まじいもので、途中まで聞いたら恐ろしすぎて、

「もういいから」とやめてもらいましたが、しばらくは寝つきが悪くなるほどすごい内容でした。

保江先生のような方は、そういう世界までは見せられない。徳積みをしてきているから、そんなものは見る必要がないんです。

私の場合はなんにでも興味があるから、どうしても追求してしまいます。

実は、抹消の舞台となるのは木星なんですね。木星に連れていかれて、何千万人の人間に死をもたらしたら、何千万回の死を体験する。しかもその死は、通常の死の範疇《はんちゅう》ではないようです。

「宇宙の法則というのは、それはもう厳しいんだよ」と少年は言っていました。

保江　「2001年宇宙の旅」という映画がありましたけれど、その中でも木星から電波信号が来て、調査に行ったボーマン船長が年を取って孤独死をするというエピソードがありましたね。

最終的には、また生まれ変わるというイメージで映画が終わるんですが、その木星での死に方が、そうはなりたくないようなふうに描かれていました。

木星というのがそういう場所だということが、原作者にはわかっていたんでしょうね。

浅川　木星を使ったということは、たぶんそういうことだったんでしょうね。

自殺とは魂を宇宙から切り離すこと

保江　魂の消滅も、なるほどと思えますね。

2、3年前の講演会で若者から質問が出ました。

「自殺はいけないと言うけれども、いったいなぜいけないんですか」という単純なものです。

それまでの僕は、そんなことを考えたこともありませんでした。これはすごい質問が来たなと思ったんですが、倫理的にいけないとか、人としてとか言ったって求められているような回答にならないだろうと考え、口からぽろっと出たのが、こういう内容です。

自分で自分の命を終えるということは、自分で自分の魂を、この宇宙と切り離すということ。輪廻転生があるかどうかはわからないけれども、とにかく全宇宙からまったく孤立した存在になる。まるで、存在していないかのようになってしまう。

もう地球に戻ってくることもできなくなる。あなたの魂だけが切り離されて、宇宙から見たら消滅したことになる。

そうしたら、なにも学ぶこともできなくなるし、パラレル宇宙も関係なくなり、すべてのチャンスが消えてしまう、と。

あのときに言ったことが、そう的外れでもなかったかなと、今、浅川先生の魂の抹消の話をうかがいながら思い出しました。

人を殺《あや》めるということは、自殺に等しいんですね。

他にも、先生がおっしゃる学者のように、純朴な人々の考えを凝《こ》り固めるような嘘を言ってしまう、これもある意味、自殺に等しいですよね。

浅川　それも、とても大きな罪になるようですよ。

東京大学の先生に聞いたのですが、ほとんどの学者は、精神世界とか霊的な現象なんて絶対に受け入れないようですから。最低の人間たちが「プロフェッサー」などと称して、偉そうにしゃべっているというわけです。死後の世界など認めない人たちですから、「人が死んだらどうなるの」と聞けば、「死んだら無になるに決まっている」と言うでしょう。

それだったら、どんな悪さをしようが、徳を積もうが、関係ないじゃないですか。ところが彼らは他人に向かっては、「悪いことをしてはいけない、徳を積みなさいよ」と言っているんです。このように、自分の魂が伝えていることを意識的に無視するというのもまた、大きな罪の一つなんです。でも、悲しいことに、それが先生方の実態ですからね。

海外には、私がしゃべっているようなことを語る学者がたくさんいますよね。日本という国にいないだけなんです。本当に情けない。

保江先生みたいな方が、もう少し多かったら、本当に素晴らしいことですけれども、なかなかいない。

みんな己れ自身の魂の声を意図的に無視して、プロフェッサーだ、教授だ、学者だと言って威張っている。

彼らは皆、カブレラストーンを認めなかったペルーの考古学者と一緒ですよ。

保江　ええ、自分自身の保身が先に立つのでしょうね。

昔は、日本の学者というのはだいたい資産家の子息が多かったですよね。

教授をクビになったって食べていける、大学の給料なんて小遣いにもならないほど家の資産のほうが大きい、そういう学者さんがほとんどだった時代は、まだ日本もよかったです。

それが、サラリーマン教授ばかりになったから、我が身、我が地位を大事にすることに専念するようになってしまった。


浅川　昔のほうがまともだったのは、学者だけではないですけれどもね。

日本人の霊性はもともと高かったのですが、それは完全に過去の話となってしまい、今では、決して高いなんて言えない。むしろ、発展途上国の人々のほうが上になっています。

霊性を取り戻そうとしても、時間的にはほぼリミットがきています。

もともと、大神様、つまり天の計画としては、我々人類は2000年という西暦を迎えることができなかったようです。

「1999年7の月」というノストラダムスの予言は、地球の終わりを一番長くしたメッセージだったんです。

大神様が上から見たとき、「高次元の世界はできあがってきているけれど、そこに行ける人間がいない、こんなことでどうするんだ」となっていたのです。

「宇宙には宇宙の原則があって、高次元に行ける星は、ある年数が経過した段階で次元上昇する。地球も高次元世界の誕生に向かって順調に進んでいるのに、その世界に行ける人間がいないというのではどうにもならない」と。

そこで、大神様が「しばし時を延ばすぞ。しっかり頼むぞ」と託されたのが龍神様だったんです。

だから龍神様は、あらゆる手を尽くして時間稼ぎをしてくださっている。しかし、人間たちはいつになっても気づかない。

そしてもう、その限界を超えてしまっているんです。

私が金龍さんにお聞きしたとき、「もうすでにその時間は終わっている」とおっしゃっていました。

いよいよ、本番の前の天変地異やさまざまな異変が次々と世界中に起きてくる。

今発生している新型コロナウィルスの状況を見れば、よくわかるはずです。

そうした異変は、その頻度が増すと同時に、巨大になってくるんです。

莫大なカルマの保有国アメリカ、中国、イスラエルの終末

浅川　今回の新型コロナウィルスについては、もともとは中国が作っていた細菌兵器が漏れ出たとかいう説もありますが、アメリカも何らかの関係で関わっていた可能性もありそうです。

そういうものを作ること自体を、天が認めているわけではありませんから、関わった国がますますカルマを増すことは確かです。それが、因縁因果の道理なのです。いずれにしろ、米国や中国を含め、世界中が前代未聞の厳しい状況に陥ることは間違いありません。

また、カルマについていうなら、前から言っているように、とにかくカルマの最大の保有国はアメリカ、それから中国、イスラエル、この三つだと。それは、人間としてやってはならないことを数多く為してきたからです。

アメリカは、日本という神国に原爆を落とした。中国は、ダライラマの治めていた聖なる仏教国チベットを滅ぼして、自国領としてしまったでしょう。

またイスラエルは、パレスチナの地を自分たちがもともといたところだと主張して自国領としていますが、彼らは本当はユダヤ人ではなく、中央アジアにいたカザール人だったんです。

今でも、パレスチナの情勢は、ひどいことになっていますよね。だって、イスラエルはもともと自分たちの国だと言って戻ってきた人々が、本来のユダヤ人ではなかったんですからね。

例えば、ユダヤ人は習慣として帽子を被りますが、イスラエル人の多くは帽子を被らないでしょ。

政治集会などを見ても、20人いれば帽子を被っているのは2人か3人で、その人たちが本当のユダヤ人なんです。

カザール人が、自らをユダヤ人だと称して、パレスチナを自分たちのものにした。

それに異を唱えたアラブの国々に対して、イスラエルは戦争をしました。それに対してアメリカにいるユダヤ商人が大金を出して強力な武器を与えたから、中東諸国は敗れてしまったのです。

当初は国連からも強く批判され、戦争で勝ち取った地はイスラエルの領土ではなく、占領地だということになっていたんです。

しかし、イスラエルは奪い取った占領地をつぎつぎと植民地化してしまっており、もはやそこは、占領地ではなく自国領土と考えているのです。

これは、越えてはならない最後の一線を越えたということです。

アメリカ、中国、イスラエル、彼らの背負ったカルマは莫大なものです。

だから今、天罰ともいうべきものが、これらの国々にどんどん降りてきているのです。

目前に迫る魂の消滅と地球の悲劇

保江　やはり、金龍様がずっと見守られてきているんですね。

浅川　先ほど言ったように、1979年にバトンタッチをして、神界の龍神界から金龍様たちがみんな地球に戻ってこられましたから。

したがって、その後にすべてを仕切っているのは龍神様です。

保江　僕も特に今年、令和2年が正念場だと言われています。

浅川　そうですか。そろそろ限界の年だということですね。

抑えに抑えてきたけれども、もうギリギリだと。だから、龍神様も抑えきれない富士山地下のマグマを西之島に流したりしてだましだましやっているけれども、こうしたことはいつまでも続けていられるものではないのです。

先ほどお話しした、真っ赤に燃えるような龍神様のお姿は、本来なら絶対に伝えられることのない情報だけに、天はそのときが迫ってきていることを教えてくれているのだと思います。

ここが限界だということを、私に伝えているわけです。

もう、避けようがないのです。

人類の終末には、宇宙人の介入があるのではないかと聞いてくる人もいますが、私はそうは聞いていません。それを待たずに、事は進んでしまうと思います。


しかし最後には、「宇宙船天空に満つる日」が来ます。それは、間違いないと思います。

かなり前のことですけれど、若い女性がお母さんと一緒に東京から来られました。その方が、「地球の周りには、大変な数の宇宙船が来ていたのに、どんどんその数が少なくなっているんですよ」と言うので、

「これから起きる異変から我々を救うために来ていたんじゃないの」と聞くと、

「もちろんそうですよ」と。

それを聞いて、もうそれだけたくさんの宇宙船が必要なくなったからだということが理解できました。

つまり、74億の民を救う予定だったのに、その数は激変してしまったようですね。だから、何百機も何千機もの宇宙船は、必要がなくなってしまったというわけです。

私は、地球はこれから先、もうそんなに長くはもたないと思っています。長くなったら、む

しろ地球の悲劇だと思います。だって、5年、6年先には戦争に入る可能性は大ですからね。そうなったらアメリカなどは、持っている原爆、水爆を使うでしょう。使うから作っているわけですからね。

トランプ大統領も、原爆の怖さについて語っているけれども、国や自分の命運がかかってきたときには使うでしょうね。

はじめは小規模なものでも、使われた相手がやり返してくるということになったら、だんだん中規模、大規模なものになっていくでしょう。

そうなったらもう、地球が木っ端みじんになってしまう。

私は、そこまで長持ちさせたら、地球にとってはかえって不幸だと思います。

しょせん、私ごとき男の考えですからどこまで正しいかわかりませんが、素直な気持ちでそう思わざるをえないということです。

これから、あらゆることが起きてきます。

すでに死んでいる人間でも、魂の消滅はたくさん起こっています。

アメリカの大統領だったジョージ・ブッシュの父親が少し前に亡くなって国葬されたでしょう。どんなに盛大な葬儀で送られたとしても、今はゆくべき世界へ連れていかれて、たっぷりと地獄の真髄を味わっているのではないでしょうか。

それが終わった後、彼の魂は宇宙をさまようチリに戻るということです。魂の抹消とは分子、原子に戻るということですから。

地球をこれ以上悪くさせない術《すべ》

保江　本当にそうですね。

地球にしても、現在は人間が汚した状況になっていますが、そのときがきたらマグマで完全に溶かして、すぐに元の状態に戻せるわけですからね。

先生がおっしゃっていたアセンションについては、僕は先ほど言った親神様や、「地上で楽しんで帰っておいで」と言っていらした神様と称する存在が伝えることが、一番納得できます。

その人それぞれが、本当に「伸びやかに、軽やかに、あなたのままに」生きることができれば、これ以上、地球は悪くならないようにも思います。

浅川先生のように生きていらっしゃれば、もうそれでお役目は十分に果たされていますよね。

全体が良くなるとかそういう視点ではなく、とにかく、みんなが本来の意味で楽しんで帰ることができれば、それでいいと思っています。

そうしなさいと言ってくれているのが、神様の中でも最も上の大神様ではないかなと。

しかもその神様は、片手にリセットスイッチまで持っていて、この人類が失敗作でにっちもさっちもいかないところまできたら、いつでもやり直せるのです。だからこそ、命がけで楽しんでこいと言ってくれているわけです。

先ほどおっしゃった、富士山の5合目から上が消えるという未来や、金龍様が真っ赤になってまで抑えてくださっているというビジョン。これは、確かに限界だなとわかります。

ここで人間本来の、「伸びやかに、軽やかに、あなたのままに」が実践できなかったら、もう本当に終わりだなと思いますね。

でも、終わったほうが楽かもしれないとも思いました。これからさらになにか努力をしようと思っても、無理があるのかもしれません。

浅川　すでに時は峠を越してしまったようですから、努力をしてももう、どうにもならなくなっているのかもしれませんね。

だから、せっかく生を得たんだから、この世界の中で精一杯楽しんでこいというのもよくわかります。

時間はないけれども、生のある限り明るく楽しく過ごして、徳だけはしっかり積んで帰ってこいよ。

そういうことだと思います。

保江　徳を積むことが大事ですね。

岐阜に、腕の立つ気功師のおばあさんがいます。僕もいろいろな気功師のところに治療に行きましたが、どの人も全然ダメでした。

けれども、そのおばあさんの施術だけは、確かに効果があるのです。

浅川　気功師やヒーラーの9割はダメですよね。

保江　そのとおりですね。僕の経験でも、そのおばあさんだけは効くんですよ。

うつ伏せになってゆったりしていると、突然、背中に鍼を刺されて電流を流されたようにビリッとなったんですね。

びっくりして、何事かと振り向いたんですが、おばあさんが2メートルぐらい先から手をかざしているだけでした。「これは本物だな」と思いました。

浅川　そうすると、楽になるんですか。

保江　はい、楽になりますし、高くなりすぎていた血糖値もちゃんと下がるのです。ちょうど、希望する数値にまでなってくれます。

数値が悪いとドクターストップがかかって好きなお酒を断《た》ったりするんですが、その気功師のおばあさんが数値を良くしてくれるのをいいことに、また飲む。すると数値がまたまた悪くなって……という繰り返しなんですが。

今年の正月が明けてすぐに行ったときに、そのおばあさんがつくづく言っていたのは、「自分はなにもしていない」んだと。「ただ、こんなふうに手をかざしているだけ」だと言います。人の身体が改善するのを、自分が患者さんを治してあげているというおごった気持ちになってしまうことで、ダメになる治療師の人をたくさん見てきた。

自分も、実際になにをやっているのか、神様がやってくれているのか、自分がやっているのかなどと考えているうちはわからなかった。

けれども最近わかったのが、結局、西洋医学にしろ、自分たちの不思議な治療にしろ、患者さん本人が徳を積んできていたら、治るんだと。

徳を積んでいない人は、どんな治療を受けようが治らない、とのことでした。

浅川　やはり、そういうことを言っていましたか。実際、そのとおりだと思います。

保江　だから、彼女の治療院を訪れる患者さんでも、ガンであっても治る人もいるんですが、わりと軽症でも治らない人もいる。

自分が手を抜くことはなく、全員に一生懸命やっているのに、治る人は治り、治らない人は治らない。

なんの差があるんだろうと思っていたけれど、やっとわかったのが、それぞれの患者さんの徳。

浅川　それを、どれだけ積んでいるかですね。

保江　はい。

浅川　それは、貴重なお言葉ですね。そうした気功師の方が言うのは本当でしょう。

保江　僕が行く前の週に、お母さんが亡くなられたそうです。御歳１０１歳。

「天寿ですねえ、素晴らしく長生きされましたね」と言ったら、

「でも、こういう仕事をしているから、最後、母親の具合が悪いときぐらい、もう少し助け

てあげられると思っていたのに、それもできなかった」と。

結局、徳を積んでいれば、西洋医学でも気功でも治る。徳を積んでいなければ、なにをやってもダメなんだと。

そのお話には、とても納得できるものがありました。

浅川　そういう方が言うと、本当に説得力がありますね。

めぐり合わせも神仕組み

保江　本当に、徳は積まないといけないなと思いました。

今日、浅川先生も、徳を積まないといけないとずっとおっしゃっていたから、やはり同じだなと痛感したんです。

浅川先生の経営しておられるお店の名称が、「徳乃蔵」というのもさすがですね。徳を積む場所なんですね。

また、本当に徳を積んだ5％～10％程度のわずかな人だけが高次元に行けるということも事実だと思います。

そういう人なら病気になっても治るでしょうし、うまい具合に奇跡の連鎖が起きて、楽に生きやすい。

やはりそういう人たちは、多くても10%以下でしょうね。

浅川　残念ながら、現実はそうだと思います。

例えば、ここ北杜《ほくと》市にも、今日私が話したような話を聞いている人はたくさんいるんです。しかし、それを日々の生活に活かしている人は、極めて少ないようです。もちろんその中でも、高次元に救われる人もいるとは思いますが、中途半端な考えで高次元に行ったら明るすぎて、逆に堪えがたいということになってしまうのではないかと思います。

やはり、高次元に行くのは、高次元の世界にふさわしい人です。

「苦しみ」と、「悲しみ」と、「憎しみ」という独特の感覚を味わわされているのが、今我々が暮らしているこの3次元の地球なんです。

そんな厳しい世界には、本当は誰も行きたくないはずですよね。どの魂もそうです。

しかし、そうした厳しい世界で学ぶからこそ、得るものが大きいということをわかっているから、みんな手を挙げて、3次元の地球に来ているんです。

ところが、そんなことはすっかり忘れてしまっているから、苦しみに会えばすぐに不満を言う。悲しみに会えばすぐに泣き出すというわけです。

しかし、そんな中でも、頑張って学んできている人たちもいるのです。


年に二回ほど、父島から徳乃蔵に来る若い女性がいます。

以前、その女性がロサンゼルスから来られた中年の女性の隣の席に座ったんです。若い女性が、「どこから来られたんですか？」と声をかけると、中年の女性は、

「ロサンゼルスからです」と答えます。

「どのぐらいかかるんですか？」とまた質問をして、

「10時間半ぐらいかな」という答えを聞いた途端、「わぁー」と言うんです。

それに続く言葉は、「長時間、大変ですね」とか、「遠くからいらしたんですね」じゃないかと思うじゃないですか。それが予想に反して、「羨《うらや》ましい」と言ったんです。

私が二人の席に行って、

「あなたはこの方が10時間で来られるのが羨ましいって言ってたけど、どういうこと？」と聞いたら、

「だって、10時間だったらいいじゃないですか」と言う。

「あなたは父島だよね。どのぐらいかかるの？」と聞いたら、

「船で24時間で、ここに来るまでは30時間かかります」と。さらに聞いてみると、一回、島を船で出たら、船便の関係で1週間は帰れない場合もあると言うんですよ。

そのために、1年間の有給休暇をしっかり取っておいて、一生懸命お金を貯めて来ているというのです。

それを聞いたロサンゼルスから来た女性が、何回もトイレに行って、泣き顔で戻ってくるから、どうしたのかなと思ったら、若い女性が帰った後に、

「私、今日はあの若い子に救われました」と言う。

「どういうこと？」と聞くと、

「ここ徳之蔵に来るたびに他のお客さんとお話していますが、いつもほとんどが国内の方たちなので、簡単にここに来られて羨ましいなと思っていました。

私は最も遠くから来ているんだという、おかしいかもしれませんが、自負のような、自信のようなものがあったんです。

しかし今日、彼女が30時間もかけて来ていることを聞いて、私の自負というか、おごった気持ちが本当に恥ずかしくなりました。

その後、反省してから改めて浅川先生の写真を拝見すると、以前に見ていたときのエネルギー

よりも、10倍も大きく感じられたんです。

心が浄化されて、おかげさまで素晴らしいエネルギーをより多く受け取れるようになったんです」と。

そしてその後で、「あの子は私の、『大恩人』です」と言われたんです。

二人とも年に一回か二回しか来ないのに、同じ日、同じ時間帯で、隣同士の席に座るだなんて、もはや偶然ではないでしょう。もう、奇跡ですよね。

そういう組み合わせを天が作って、私に見せてくれているわけです。なんとも不思議ですよね。

保江　まさしく、神仕組みですね。

浅川　ええ。私の場合はそういう場面によく遭遇するんです。神様が仕組めば、なんでも起こり得るんですね。もちろん、神様は厳しいことも仕組まれますから。

厳しさについても、私は理解しているつもりです。ですから来客者に対しても、「危うさがあるがこの人は救えるな」と思えば、雷を落とすんです。

ですから、私の息子や娘たちから、

「お父さん、お客さんにそんな大きな声で怒鳴るなんて、まずいんじゃないですか」と言われることがあります。

常識的には確かにそうですが、そのときは相手をお客さんだとか、どうとかいうことを考えてはいないわけですね。もしそれで二度と来ないようなら、それだけの人、それだけのご縁だったということです。私はそう思って接客しているんです。

人の上に立ち、人を導くなんていうのは、そんなに生やさしいことではないんです。人を傷つけたくないなんて自分をかばってなんかいたら、絶対できないでしょう。ときには、鬼になるしかないんですね。

積み重ねた経歴は、バックボーン作りだった

浅川　私は会社に勤めていたときでも、表立っては「浅川課長」とか「浅川部長」と普通に呼ばれていましたが、陰ではみんな、「鬼の浅川」と言っていたようです。

上司として部下を育てるのに、仏心でなんて絶対にできませんよ。

昔はどうだったかまでは知りませんが、今ではとにかく、鬼になるしかありません。それに耐えられないようでは、しょせんそれまで。人の上になど立たないことです。人を厳しく指導する、それには、自分自身をさらに厳しく律することが肝要です。

本を出すような人間は特に、いつもそういうことを念頭に入れておくことが大事だと思います。売れ行きがどうとかいうのは二の次、三の次です。

何万部、何十万部も売れたからといって、それがなにになるのですか。

まっとうなものを書いていなかったら、かえってマイナスを生んでしまうから怖いんですよ。

普通、私などの本がベストセラーになるなんていうことはありえないんですね。

なぜなら、以前の私が一番苦手だったのは、人の前で話すこと、ものを書くこと、この二つでしたから。

だから、課長になったときに、部長から、

「おい浅川、お前もいよいよ今日から課長だから、月に二回は課長通達を出すんだぞ」と命じられたとき、

「通達って言われても、どうやって書くんですかね。私、外に出ていて忙しいですから、部長、ちょっと書いておいてくださいよ」と言ったんです。

すると部長が大声で、

「お前は課長だろう。俺は部長。部長がなんで課長の通達を書かなくちゃならないんだ！」

と怒鳴ったんです。私は、

「それはそうですね。それなら頑張って書きますけれども、私はものを書くのが苦手ですから時間を取られてしまい、営業のほうの数字はガタ落ちすると思いますよ」とうそぶいたんです。当時は、まだ高度成長の最中でしたから、前年比、5～6％アップという伸びが標準だったんです。8％ぐらい伸ばしていると、こいつはよくできると言われていました。

そんな時期に、私はといえば、20％近く伸ばしていたんです。

それは部長も含めて、社内のみんなが知っていました。部長が本社に行けば、社長から、「君のところはよくやっているね、成績がいい」と褒められていたわけです。

私はそういった事情を知っているから、そんな反抗的なことを言えたのです。

その後、他の社員が外に出てしばらくすると、部長が後ろからトントンと私の肩を叩く。

「どうしたんですか？」と聞くと、

「さっきは悪かったな。俺がしばらくの間、下書きをしておくから、営業から帰ってから手直しをしてくれや」と、こんな具合でした。

そんな私でしたが、他人の何倍かの仕事をこなして、専務取締役の地位まで進むことができました。実は、そうして得た地位（役職）は、私の以後の人生にとって欠かせないものだったのです。

それを実感したのは、大阪で初めての講演会をしたときでした。

参加者は、せいぜい30人くらいしか集まっていなかったのですが、壇上に登ったときに、後ろのほうにそっぽを向くように座っている男性が見えたんです。いかにも、「お前はなにかまともなことをしゃべれるのか」という態度でした。

そのとき、司会者が私の紹介を始めました。

「これからお話をしていただく方は、日本火災海上保険株式会社の専務取締役まで行かれた、事業家としても立派なお仕事をなさった方です」と言った途端、そっぽを向いていたその人物が、突然、姿勢を正して前を向いたんです。

その瞬間に、「肩書きというのは恐ろしいものだな」ということに気づいたんです。バカにしていた態度が、一瞬にして変わったからです。

そして、講演の前半が終わって休憩の後、後半を始めようとしたら、その男性が目の前の席に座っているじゃないですか。それで、

「あなた、さっき一番後ろにいたでしょう。なんで前の席に移ったんですか」と聞いたんです。

そうしたら、

「前半の話をお聞きして、とても後ろの席で聞いていられるような話ではないことがわかったからです」と、申し訳なさそうな顔をして語っていました。

そこで私は、

「次回から前に来てもいいけれど、今日はダメ、後ろの席に戻って聞いてください」と言ったんです。

こんなことを言う講演者はまずいないでしょう。一銭の得にもなりませんからね。

でも、それを聞いていた人たちみんなが、後半の話を、より真剣に聞くことになりました。

そして、それ以降その人物には、40回ほど行なった大阪の講演会を、欠かすことなく聞いていただくことになったんです。


保江　今の話に、僕は勇気や元気をもらえたように思います。

確かに僕も、講演会に来ている人に、「なんだ、こいつ」と感じてしまうこともあります。

でも、先生のようには絶対に言いませんでしたけれども、むしろ、言ってあげたほうがいいんだなと思えました。

浅川　それで来なくなるようなら、それまでです（笑）。

保江　はい、そう思います。周りの人たちまで学ばせてあげることが、とても大事ですよね。

「ビートたけしのアンビリバボー」出演

浅川　私はこういう性格ですから、何事もあまり後先考えずにやってしまうんですね。私みたいな経歴を持った男で、「人類の歴史の真相」や「霊的世界」などについて語る人は少ないと思いますね。

ですから珍しいということで、テレビ局が私が出演するドキュメンタリー番組を撮ろうと、私を追いかけていたときがありました。

あるとき、「ビートたけしのアンビリバボー」から出演依頼が来たんです。

そこで、

「時間の長さは？」と聞いたら、

「もちろん30分です」と。

「それならやめておこう」と言うと、

「なぜですか」と聞くので、

「30分なんかで私の伝えようとすることが十分に伝わるわけがないだろう」と。

そしたら、

「浅川さん、わかってますか？　この番組は、あの、北野たけしさんの番組ですよ」と言うから、

「たけしであろうがなんであろうが、私には関係ないことだ」と言ってやりました。

その後、担当者はすぐに帰って行ったんですが、1週間もたたないうちにまたやって来て、

「前回は大変失礼しました」と言う。

「まさか、今さらインタビューしようなんて言うんじゃないだろうな」と言うと、

「実は、それでお願いにきました」と言います。

「テレビ局へ帰って相談した結果、たけしさんからも1時間番組でやらなければまずいぞと言われて、1時間にさせてもらうことにしましたから、なんとかよろしくお願いします」と。

その結果、ペルーでの撮影を中心とした、カブレラストーンに関する素晴らしい番組ができたんです。

保江 だから、浅川先生のような存在が、今の時代に必要なんですよ。もう、だんだんと強いものへの迎合に拍車がかかってきていますよね。それじゃあダメですから。

浅川 はい。それにテレビ番組というものは、できあがったときにはこちらが言いたかった主旨が逆転していることもあるんです。
ですから、「ビートたけしのアンビリバボー」のときも、「1時間にするのと、もう一つ条件

がある」と伝えたんです。

「放送する前に、できあがったものを必ず私に見せてくれ。もし、私の意に沿わないところがあったら、言わせてもらうよ。それを約束するんだったらいいよ」と。

また言い返したら断られると思ったのか、担当者は「けっこうです」とすぐに応じました。

それで、見せてもらった放映前の動画に、2箇所ぐらいチェックを入れたんです。「これは私の言っている主旨からずれているし、事実とも違っているよ」と。

担当者は、素直にその部分を作り直してくれましたが、その後、放送が終わった後、再びやってきて涙を流しながら、

「注意をしていただいたおかげで、私は局内でも恥をかかずにすみました。大変ありがとうございました」と礼を言ったんです。

他にも、2010年に、BS－TBS局の4時間番組がありました。正月の1日、2日の夜8時から10時までと、二回に渡った特別番組でしたが、これは最高でしたね。

それは、「2012年12月21日　マヤ暦の真実」というタイトルで、マヤの長老、ドン・アレハンドロ氏とのインタビューも放映することができたんです。

2012年問題は、世界的に関心を呼んでいましたが、マヤ歴が最大のポイントでしたから、

アレハンドロ長老とのインタビューができるかどうかが、最大の関心事でした。しかし、長老とのインタビューができたのは、世界でたった一つ、私が出演した番組だけでした。

最後に、仕上がった番組を、TBSの社長や役員も出てきて、みんなで見たんです。社長とは私が現役時代に交流がありましたから、

「やあ、久しぶりだね」と声をかけたら、

「浅川さんとこんなところでお目にかかるとは思いませんでした」と驚いていました。周りの役員やスタッフも、私が社長と親交があったことを知って、びっくりしていました。そんなこともあって、おかげさまで素晴らしい番組になったんです。任せっぱなしでは、あれだけの番組にはならなかったでしょう。放映された時はオリンピック放送と重なっていましたが、それに匹敵するほどの視聴率でしたから、放送局のスタッフも大変驚いていましたよ。

そのぐらいしないと、本当にダメなんです。

保江　特にテレビは、演出という名のフェイクが多いですしね。

浅川　ええ、勝手に作ってしまいますから。出演した意味がなくなってしまうんです。

テレビといえば、NHKを見てもわかるように、今はもうスポーツ番組と料理番組ばかりで困ったことですね。

今、そんなことをやっている場合ではないのに。

保江　まさにそのとおりですよね。

B29の爆撃から皇居を守った鹿島神流の剣術使い

保江　ところで話は変わりますが、各人の生き方、生き様、それぞれなんですが、その生き様が深いという人物が減ってきていますよね。

先日、横浜で講演をすませてから、東京の部屋に戻って集合ポストを開けてみると、郵送されてきた本が入っていました。

部屋のドアを開けて、とりあえず荷物を玄関の登り口に置いて、すぐに封筒を開けてみたら、『天皇防護　小泉太志命《たいしめい》　祓《はら》い太刀の世界』というタイトルの宮崎貞行先生の本が入っていました。

宮崎先生は、僕より上の年齢で、警察庁官房や内閣調査官等を歴任され、退官してからも広く活動されている方です。

その方が小泉太志命という人物についての伝記を書かれたのです。

その本の版元のヒカルランドから、僕に送ってくれたんですね。分厚くてハードカバーの、えらく立派な装丁でした。

浅川　私の龍蛇族の本みたいな本ですね。

保江　ええ。ヒカルランドさんもずいぶん力を入れたなと思いつつ、パラパラとめくって見始めたらやめられなくなり、玄関に立ったまま、最後まで読んでしまいました。

もう、内容に驚いてしまったんですね。

小泉太志命という方はもう亡くなられているんですけれども、昭和天皇が皇太子でいらした時代に、時の総理大臣の依頼で皇太子をお守りすることになった。

もともと小泉は鹿島神流の剣術使いだったんですが、その剣術の中に、霊的に剣を振って、あらゆる霊障、呪いを防ぐという術があって、主にそれを役割とされていました。

それを使って、後に昭和天皇になられる皇太子殿下をお守りしろという極秘の命令が下ったわけです。

その理由は、ヨーロッパ列強の国々が日本を、そして皇太子殿下を貶《おとし》めようとして、黒魔術とか白魔術とか、さまざまな魔術、呪術を使ってきているが、それを防ぐのはお前の剣術しかないということでした。

ついては、当時の立命館大学の総長の家にあった伝家の宝刀、備前の菊一文字、これを授けるからしっかりなと。

皇居を遠くに望む場所に小さな道場を準備するので、その道場で剣術を教えながら、夜な夜な皇居に向かって剣術を使い、皇太子殿下をお守りしてくれと。

その日以来、毎晩3万3000回、真剣を皇居に向かって振るというお役目を担ったのです。

皇太子が無事、天皇になられて、昭和の時代になってから太平洋戦争が起きました。

東京大空襲のときに、B29爆撃機がたくさんやってきて、爆弾や焼夷弾を落としましたが、1機だけ皇居に落とすコースに入ってきたといいます。

進入角度でそれがわかった小泉は、そのB29に向かって刀を振り下ろしました。

その本には、こういう表現がありました。

「その刀の切っ先から霊光が出て、B29がまさに皇居に爆弾を落とす進入角度になった途端、B29が忽然《こつぜん》と消えた」と。

つまり、異次元に飛ばされたということでしょう。

僕は『祈りが護る國』にも書いたように、原爆を積んできて東京に落とそうとしていたB29を、昭和天皇が霊力で消したという話は知っていました。

けれども、天皇陛下をお守りするために、皇居に爆弾を落とそうとしていたB29を、剣を振って見事に消滅させた人物がいたということを知って、感動しました。

シリウス宇宙艦隊の司令官から、クラリオン星人へ

保江　以前、僕が講演会をしてもまだ20人くらいしか集まらなかった頃に、一番後ろの席に、明治時代の和服の上に着る外套のようなものを羽織って、杖を持って座っている年配の男性がいました。

それこそ、「お前のような若造になにがわかるんだ」というような感じでじっと睨みつけられて、嫌だなと思っていたんです。

それからというもの、講演のたびにいらしていたんですが、3回目のときに、質疑応答の際に彼がわざわざ立ち上がって、

「お前はいつかわかるだろうと思って待っていたけれども、全然わかっていないじゃないか」と言うんです。

「それは大罪だぞ」とか言われるものですから、

「僕は実際、なにもわかっていませんから」と言ったら、

「そうだろう。この調子ではわかる気がしないからしかたがない、俺が今、教えてやるよ」

と言います。そして、

「お前がこんなことをしているのは、お役目があるからなんだぞ。それがなんだか知っているのか」と聞いてきました。

「そんな大それたものではないでしょう」と言うと、

「なにを言っているんだ。お前のお役目は、皇太子殿下をお守りすることなんだぞ」と。

服装からして、右翼かとも思ったんですが、でも、妙に優しいんです。

とりあえず、

「わかりました」と言って、頭を下げて帰りました。

そのときの皇太子殿下が、今の天皇陛下です。

けれども僕には、皇太子殿下をお助けできるような力もないし、殿下の下に馳せ参じられるようなコネもない、なにもない。僕のお役目が皇太子殿下をお守りすることだなんて、さっぱりわからないと思っていたわけです。

しかしその後、どういうわけか伯家神道《はっけしんとう》の巫女《みこ》様から、ぜひ来てくれと言われたんですね。

ここの件《くだり》を書いた本の中では、神社の名前ははっきりさせなかったんですが、実は天皇をお祀りする神宮です。

神宮のような由緒正しいお宮だったら、新興宗教ではないだろうと思って出かけていきました。

そこで出会った京言葉のおばあちゃんが、本当に素晴らしい方だったのです。祝詞《のりと》も素晴らしく流麗《りゅうれい》でした。

一回だけのつもりで行ったんですが、結局、毎月行くことになりました。

そのおばあちゃんが僕を見て、

「あなたはアンドロメダ星雲から銀河系に来て、銀河系ではシリウスにいて、シリウス宇宙艦隊の司令官だったのよ。

その後、あなたはクラリオン星人になったの」と言うのです。

僕は、大学は天文学科を出ていますが、クラリオンなんて、スピーカーのメーカーとしては知っているけれども、星の名前としては聞いたことがない。

神道のおばあちゃんだからいい加減なことを言っているんだと思って、全然気にもしていなかったのです。

そのうち、神宮の周囲では、ＵＦＯの話や、先代の宮司がスターゲイトを見つけたという話が出てきました。

あのおばあちゃんはおかしいんじゃないかなと思っていたんですが、でも嘘を言っているようには思えないのです。

僕は、シリウスにもクラリオン星にもいて、金星経由でレムリアに来て、今、日本に転生している。だから僕の役目はこうだと、奇想天外なことを言われました。

とにかくその後、その伯家神道の御神事を延々やらされて、最後に、

「これは本来、皇太子殿下がなさる御神事ですよ」と言われました。そして、

「あなたのお役目は、そうした御神事のお作法を覚えておいて、いつの日か皇太子殿下が天皇陛下になられるときにお伝えすることなのよ」と。

そう言われても、なぜ自分がという思いはありましたが、とにかく有無を言わさずやらされている感じです。

去年の11月に大嘗祭が終わって、皇太子殿下が天皇陛下になられました。

そして、一連の即位の儀式が全部、滞りなく終わりましたということを、明治陛下の御陵のある伏見までご挨拶に来られました。

そのときに、陛下の遠縁の方に連絡が来て、その方から僕へ、

「いつか伯家神道の御神事を陛下にお伝えしたいと願っていましたが、やっとそのときにな

りました」とお話があったのです。

名刀・備前長船を授かる

保江　宮内庁や皇居に務めるのは、東京大学を卒業したような、優秀な、ある新興宗教団体の信者の若者が多いんですね。国家公務員の上級試験をパスして、こうした職についています。

そのため、今、宮内庁の高級官僚はほとんどがその宗教団体の教祖の手先といえるでしょう。

その人たちが、天皇家と神道を切り離そうとしているのです。

浅川　それはひどい。罪が重いね。

保江　だから、宮中や宮内庁ではもはや、形骸化した式典しか行われないのです。本物の神官は、絶対に近づけないようになってしまっています。

先日の大嘗祭も、即位礼正殿の儀も形だけのようなもので、本物の神官を近づけないようにしてすませたわけです。

天皇陛下はそこをよくわかっていらっしゃいます。東京にいたら本来の式典ができないので、わざわざ伏見の明治陛下御陵にご挨拶という形でいらっしゃったのです。

お供は、信者ではない人たちが警護についてくるだけです。

そのときに、陛下の遠縁の方へ連絡が来て、今夜しかないということで参上され、無事に伯家神道の御神事をお伝えできたとのことでした。

これから、今上《きんじょう》陛下の霊力が非常に強くなると予想されます。

僕は、「お前のお役目は皇太子殿下をお助けすることだ」と講演会のときに言われていましたが、そのお役目もこれで完了できたんだなと思いました。

それが、去年の11月末のことです。

ところが、年が明けて1月11日に東京に戻って宮崎先生の本で、小泉太志命が刀を毎晩3万3000回振って、当時の昭和陛下をお守りしたということを知りましたので、「そうか、まだ俺には役目がある」と考えました。

しかも、著者の宮崎先生から、去年の暮れに東京でどうしても会いたいと言われてお会いしていたのですが、そのときに、こう言われていたのです。

「今、小泉太志命についての本を書いているが、この人に匹敵する武術家がいれば教えてください。

その人にぜひ、今上陛下を霊的にお守りいただきたいんです」と。僕の顔を覗き込んで、

「ご存知ないですか」とおっしゃるんですが、

「いやー、そんな人がいたら僕が習いたいくらいですよ」と答えていたのです。

でも、その本を受け取って玄関で全部読み切ったときに、思いました。

「これが、俺の次の使命だ」と。

今上陛下をお守りするために、僕も備前長船《びぜんおさふね》の名刀を、1日3万3000回振るしかないと。

幸い、僕の白金の部屋から皇居の方向が望めるので、「良し！」とその気になってしまったのです。でも、刀がない。名刀をくださるような方の、心当たりもない。

ネットで調べてみましたが、販売されてはいても、とても高いんです。

1月13日、つまり本を読んだ翌々日に講演会があったので、その話をしてみました。

「備前長船の名刀があったらいいんですけれどね。僕が毎晩振って、陛下をお守りする一助となりたいのです」と。

すると、講演後に、奈良からわざわざ東京まで僕の講演を聞きにこられたという女性に話しかけられました。

「祖父の代からの大きな屋敷の中に、造化三神天之御中主《ぞうかさんしんあめのみなかぬし》をお祀りする祠《ほこら》があります。その隣に、祓戸大神《はらえどのおおかみ》をお祀りする祠もあるんです。

その祓戸大神の前に、セガミの会長さんがお祓いのためにと奉納してくださった備前の真剣があります。

最近、これをどなたかに差し上げなくてはいけないとなぜか思っていたんですが、きっと保江先生にそれを使っていただくということだと思うんです」と。

「岡山に、セガミという薬局チェーンがありますが、そのセガミですか」と聞いたら、

「そうです」と。

それで、まず間違いなく、備前の名刀だろうと思われました。

「2月13日に、僕が岡山から奈良に、車で受け取りに参ります。それまで岡山に帰れないので、お待たせして申し訳ありませんが」と言って、その日は帰りました。

すると、その日の深夜に連絡が来て、

「できれば旧正月前に差し上げたいと思います。陛下をお守りするために、旧正月から刀を振ってください。私が東京までお持ちします」とおっしゃるんです。でも、

「奈良から持ってきてもらうのも大変ですから、僕が京都まで行きます」ということにして、京都でお会いすることにしました。

その辺りの適当な場所で受け取るのは失礼かと思い、御所の北の、ずっと伯家神道の祝之神事をしていた場所で、刀をいただきました。そこは、御所に陛下がお泊まりになるときの、御寝所の北枕を守る要所なのです。

さらに、御神事もして、御霊降ろしもして……と思っていたら、前日にその女性が、奈良の石上神宮《いそのかみじんぐう》でお祓いもしてくださっていました。

翌日、僕がそこでしたお祓いと、奈良の石上神宮の宮司様が清めのお祓いをしてくださったときのお作法が、まったく同じだったそうです。刀身を抜かないで、ちょっとだけ開けて、お祓いをして閉める。その方が、霊力が高まるんですね。

今、僕の手元には、旧暦の大晦日にいただいた刀があるというわけです。

浅川　それから、始めたんですか？　あなたがどこかに出かけているときは、どうするんですか。

保江　出かけているときは、できないわけです。

はせくらみゆきさんにお話しますと、

「それは素晴らしいことですね。でも、あなたがいないときどうするの？」とやはり聞かれました。

「まだなにも考えていないんです」と言いましたら、

「じゃあ、代わりにこれをあげる」と言って、ご自身で作った「おとひめカード」をくださいました。

音に秘められた本当の意味を表す絵というのが描かれています。

音というのは、日本語の基本的な音のことです。「おとひめカード」では、「ひふみ　よいむなや　こともちろらね……」の順番になっています。

刀を持ち歩けないときは代わりに、おとひめカードを使うといいと言われましたので、それも京都に持って行って、一緒にお祓いしたわけです。

カードを持ち歩く必要さえなく、「あ」なら「あ」、「か」なら「か」の音が意味する本来の気持ちをわかって、その裏に書いてある絵のイメージを覚えていればいいということでした。

剣を抜いたり、鞘《さや》に戻したりという所作の代わりになるそうです。

一番いいのは、「ひふみ　よいむなや　こともちろらね」と、ひふみ祝詞《のりと》でイメージしていくことだそうです。

そこで、剣を持ち歩けないときはひふみの音で清めるということにしています。

ただ、今年はなるべく東京にいようと思っています。皇居に向かって、できる限り剣を使ってお守りしようとの思いでおります。

浅川　あなたがそれだけのことをやらされて、殿下をお守りされているということは、やはりご縁やお役割があるのだと思いました。

私がかねがね疑問に思っているのは、皇室の要人が、一時体調を崩されていたでしょう。かねてから聞かされていたのは、その方のお父さんが……。

保江　先ほど言った、新興宗教の信者です。

皇室における宗教団体の陰謀

浅川　それと同時にフリーメイソン。

保江　フリーメイソンでもあるんですね。

浅川　そのようにお聞きしています。その方の娘さんが皇室に入ったときには問題がいろいろあったが、なんとかクリアしたそうですね。でも、長い間苦しんできて、体調にも現れたのではないかと、私は思っています。

なぜ、そんな人を皇室に迎えたのか、なにかすごい力が働いて、認めざるを得なかったということなんでしょうか。

保江　僕が知っている範囲ですと、その方のお父さんは、学生のときは新興宗教団体の学生部長だったんです。だから、教祖にもかわいがられていた。

そのお子さんは、やはりレベルの高い大学を出てキャリアもあったので、教祖と団体の総意で皇室に送り込まれることになったんです。

浅川　拒否できなかったというわけですね。

保江　そうです。

先ほど言いましたように、宮内庁の上級役人は、ほとんどがその団体メンバーなんです。だから、宮内庁としてはウエルカムだった。

本人は拒否したそうなんですが、父親が、団体の総意だからと強引に推し進めました。

そのとき、元の皇族方や神官はみんな反対したわけです。これを認めると国体がつぶれると。

でも、結局押し切られました。

それでも、最初はうまくいっていたのです。

ご本人のキャリアが生かせるようなお仕事もありましたから、素晴らしいお働きもされていました。

ところが、団体の息のかかった役人や使用人などが陰で意地悪をして……、いわゆるいじめです。

浅川　自分たちが送り込んだ人に意地悪をしたの？

保江　はい。もっと団体に寄与しろ、役目を果たすことに専念しろと。

こういったことは、本人にとってはいじめですよね。

浅川　そして体調を崩したと。完全に宗教団体のコントロール下になってしまったんですね。

保江　そうです。体調が良くなっては意地悪をされてまた具合が悪くなり、これの繰り返しだそうです。

宮内庁内の、団体教祖の息のかかった連中が、そうさせているようです。

浅川　元気にさせたら、なにかまずいんですか。

保江　日本の国体を弱めさせたいというのが理由ですね。

その方の父親がしょっちゅう会いにきては、その方がすべき御神事やお役目を一切やるなと言っていたようです。その御神事は、天皇や皇太子の霊力を強化するのに必要なものなのに。

それがストレスで、ずっと体調がすぐれなくて。

浅川　天皇陛下の力も弱めるということですか。

保江　はい。

それが去年のある時期、初めて父親に反旗を翻《ひるがえ》しました。

「自分のなすべき御神事は、すべて行っていく、もう邪魔をしないでほしい」とおっしゃったようです。父親がなにを言っても受け付けなくなり、それ以来その親子は会っていないといいます。

その後は、御神事などもスムースに運ぶようになりました。

宗教団体としては、せっかく送り込んだ人間が予定の働きをしてくれなければ、努力も水の泡です。だから、体調をつぶしにかかっている。

浅川　ひどいことをしているんですね。でも、新興宗教団体が皇居の中にまで、そんなに悪影響を及ぼしているとは知らなかった。

保江　はい、そこに今、一番の危機感を抱いています。

浅川　あなたたちの立場からしたら、なんとしても解決したい重要事態ですね。

保江　はい。なかなか誰も、手を出せないでいます。宮内庁を抑えられていますからね。もともと宮内庁は、そんな最難関の上級試験で上位で合格した人が行くようなところではなかったんですね。でも、団体メンバーの頭のいい人たちがこぞってそこに入り、宮内庁、しいては日本国を牛耳ろうと暗躍しています。

浅川　なるほど。私もこれまでに、よくわからなかったところがあったんですが、あなたのお話で初めて理解できました。

保江　でもやはり、神仕組みがありますよね。上から見ておかしな動きがあったら、ギリギリのところで抑え込んでくださっていますから。

浅川　そうしてもらわなかったら、神国日本ではなくなってしまいますからね。

保江　はい。皇室については、お世継ぎの問題もあります。

アシュターが来たときに、

「今のままだと秋篠宮様のご子息が天皇になられる可能性も高いよね」と言ったら、

「それでいいんだよ」と言うんです。

「あの方が天皇になったら、天皇家の霊統と血統を復活させるだろう」と。

浅川　秋篠宮様のご子息には、そういう使命が降りてきているということなんですね。

保江　はい。

ワイタハ族が、日本の天皇家を尊敬している理由

浅川　天皇家の話が出たので、天皇家とニュージーランドのワイタハ族とのつながりを紹介しましょう。

ワイタハ族には、シリウス、プレアデスからずっと受け継がれてきたすべての歴史があるんです。天皇家の代々の歴史よりも、もっとすごいんじゃないかと思えるほどなんですね。

最初にニュージーランドに行ったときには、びっくりしました。長老が誰にも語ったことがないような話を、私にしてくれたからです。

先ほどお話した、マヤの長老アレハンドロ氏を日本にお呼びするスポンサーを探してほしいと突然メールで頼んできた女性ね、彼女とあるとき、偶然ある場所で場所で会ったんです。

「あなたは体調を崩していると聞いていたけれども、どうしていたの？」と聞くと、

「ニュージーランドに長く行っていました」とのことでした。

「そこでなにをしていたの？」と聞いたら、

「日本では誰も知らないと思いますけれども、ニュージーランドにはワイタハ族という民族がいて、その人たちのところで学んでいたんです」と言ったんです。

確かにその当時、ワイタハ族を知っている日本人は、ほとんどゼロでした。ニュージーラン

ドといえば、マオリ族しか知りませんでしたから。

けれども、マオリ族なんてワイタハ族に比べれば子供みたいなもので、ワイタハ族のほうが歴史もあって、はるかにレベルの高い民族だったんです。

しかし、彼らが少数民族であったことは事実です。それではどうして、そのワイタハ族は滅ぼされずに今も残っているのか、ここに秘密があるんです。

マヤもインカも、またアメリカ・インディアンのホピ族も、白人に迫害を受けて文明を滅ぼされてしまったでしょう。あれは、表に出て渡来したヨーロッパ人と戦ってしまったからなんですね。

一方、ワイタハ族は、マオリ族の陰に隠れて、一切表に出てきませんでした。ですから、ニュージーランドを植民地化したイギリスによって滅ぼされることがなかったんです。

ワイタハ族は、日本の天皇家を尊敬していますが、それにはもちろん理由があります。

彼らがシリウスからプレアデス、金星を経由して最初に地球にやって来たときには、まだ地球上に人間が誕生していなかったので、彼らはクジラとイルカの中に入りました。

その後、人間が誕生したので、改めて人間に入って本来の学びをしようとしたときに、自分たちよりも先に人間に転生したのが、天皇家につながる人たちだったようです。

それで、天皇家を先輩格として敬っているのです。

しかし今、そうした太古からの歴史を残しているのはどちらか、純血度はどちらが高いかといったら、ワイタハ族のほうかもしれません。

それはあなたが先ほど話してくださった、皇室をつぶそうとする動きなどが影響しているからかもしれませんね。

第二次世界大戦のとき、ニュージーランドとオーストラリアは当時、イギリスの統治下でした。つまり、日本の敵側だったんですね。

ところが、日本の軍艦が太平洋で燃料や食料がなくなったときに寄ったのは、ニュージーランドの南島なんです。そこには、ワイタハの人々が暮らしていましたから、食糧やエネルギーなどが不足した分は全部そこで、支援してもらったのです。

なぜなら、太古からのつながりがあったからです。こうして日本軍は助けてもらったんです。

こうした歴史を知っているのは天皇家だけで、日本の軍部はほんの一部の者しか知らなかったのではないでしょうか。また、日本の歴史研究家の方々もご存じないかもしれませんね。

だから、ワイタハ族のトップが天皇にお会いしたいと言ったら、それができたんです。

私がそれを目の当たりにしたのは、私の家へワイタハの長老が来られて、八ヶ岳へ行ったり

などして過ごされた後のことです。長老が、

「今日はこれから東京に行きます」と言うから、

「なにをしに行かれるんですか？」とお聞きしたら、

「皇居に行ってきます」と言われたんです。

「なぜ皇居なのですか？」と聞いたら、ニヤニヤして、はっきりと返事をしないんです。これは、なにかあるなと感じました。

そこで、長老のお世話をしていた日本人女性に、

「皇居でなんらかのアポがあるの？」と聞いたら、

「いいえ、なにも入っていないですよ」と答えるので、「なにかおかしいな、あの含み笑いには、絶対に意味がありそうだが」と思っていたんです。

後日、同伴していた女性は次のように語ってくれました。

「着いてから散策していたんですが、突然、目の前に黒塗りの車が停まったんです。すっと窓が開いたと思うと、乗っておられたのは、天皇陛下と美智子妃殿下でした。

ハッと思うのと同時に長老を見てみると、頭を下げた状態で瞑想に入っていました」

周りにいた人たちは皆、殿下と妃殿下が窓を開けてほほえみかけておられるのを見て、畏れをなしてかしこまっていました。

それから1時間もたたないうちに起きたのが、あの3、11、東日本大震災だったんです。どうやら長老は、それを伝えに行かれたのかもしれませんね。私はそのように感じました。こんなことは、本当に誰も知らない話ですけれどね。

エンディングの時はすでに来ている

保江　神武《じんむ》天皇から15代先ぐらいまでは、尻尾《しっぽ》が生えていたといいますよね。

浅川　はい。角《つの》や鱗《うろこ》があった天皇もおられたようです。

日本という国を建国されたのは龍神様でしたので、建国後しばらくの間、民を従わせるために、その姿の一部を残しておく必要があったのではないでしょうか。

応神《おうじん》天皇という15代目まではそうした姿をしていたようです。それで人間たちはみんな、天皇を畏れ、敬ったわけです。

そして、応神天皇の次の代からは龍神様たちは離れて、人間が統治するようになったのです。

そうした歴史は、『先代旧事本紀《せんだいくじほんぎ》』という本にきちんと書かれています。

ところが、学者らはそうした本を認めないのです。そうして『古事記』や『日本書紀』こそが正しい本だというわけです。記紀は、２割ぐらいは正しいけれども、そもそも、後世の人たちが自分の都合のいいように歴史を改ざんしてしまっていますからね。８割ぐらいは捏造です。こういうことに関しても、私は学者に対して、いつも怒りを感じるんです。ちゃんと伝えている本があるのに、それを偽書だと言って抹殺してしまっているからです。

この世界を作っているのは、嘘だらけです。真実は、まったくといっていいほど知らされていないのです。

保江　そのとおりですね。

浅川　「エンディングの時はすでに来ている」と、金龍様ははっきり言われました。

もともと人間は、西暦２０００年が限界だったようです。ところが、大神様が上から見られたときに、高次元世界に上がって行ける人間があまりにも少ないので、しばし時を延ばせと言われて金龍様方は必死に延ばしてきたのです。

けれども、情けないことに、いつになっても気づく人間はいっこうに増えない。あるとき、龍神様は、

「これでは、犬や猫のほうが上だぞ」と言われたんです。

保江先生の本を読んで頑張っておられる人たちがいるのはけっこうなことですが、私は、今さら建て直しのために、手段を講じるような時間はないんじゃないかと思うんです。

だから、そろそろ来るべきものは来ていただいて、クズと言われるような連中はもう抹消のほうへ行ってもらいましょうと。

新しい高次元の世界へ移れるのはわずかであっても、旅立つことで、苦しみや悲しみ、憎しみの世界を卒業して、明るく楽しい世界へ行けるのですから。

さっきも言いましたが、苦しみ、悲しみ、憎しみというのは、この地球が持っている独特の要素で、だからこそ、地球に誕生してそれを体験することによって、魂の成長が遂げられるんです。なのに、そのことを忘れてしまって、苦しみに会うとすぐグタグタ言い、悲しみに会うとメソメソする。

これではいつになっても、魂の学びは成し遂げられません。

私たちだって、もうかなりの回数の転生を繰り返してきているんです。そうして学んできたんです。

でも、その苦しみ、悲しみの中で学ぶのは、もういい加減にやめにしたい。

レベルの低い人たちが上がってくるのをいつまでも待っていたら、上がれる人まで落ちてしまう可能性がありますからね。

保江　本当ですね。

富士山噴火による「洗い浄め」

浅川　時の到来は早いほうがいい。

金龍様には、とにかく一刻も早く、来るべきものは来てもらうようにと、私は多くの方たちとは反対のお願いをしているんですよ。

これまでは、なんとか日本という国が存在し続け、富士山にそのままの姿を保っていただけるようにと祈ってきましたが、もうその時は過ぎてしまったようです。

以前、沖縄に第二の富士山ができあがっているということを聞かされました。

その時点では、富士山の5合目から上が噴火で消えるなんて知らなかったので、なぜ第二の富士が必要なのかがわからなったんです。

どうやら、富士山はその噴火によって姿を消し、すべてを一回、洗い浄めるという大変な使命を帯びて誕生したお山のようですね。

ですから、その霊峰富士に向かって、「噴火しませんように」と祈るということは、子供の誕生を願っている人に向かって、「陣痛は苦しいから、子供が生まれないように」と祈っているようなものです。

富士山は、噴火することが最大の使命なんです。人間は愚かなことに、ただ祈ればいいと思っている。しかし、すべての人間が助かるようにと祈ることは、また新たな地獄を作るということがわかっていないんです。

特に若い女の子が興味を持ってはまりがちな、道を踏み外した人々による神事やスピリチュアルな祈りは、最たる弊害です。

それだけはぜひ、頭に入れておいていただきたいものです。

保江　それは大事なことですね。

自らを滅ぼしたアトランティス文明――オリオン星人の系統は「闇の勢力」へ

保江　先ほどの話ですが、ワイタハ族は最初はクジラとイルカに入っていて、その後に人間が誕生したので、人間に入るようになったとおっしゃっていましたよね。

まさにその話で、アシュターがしてくれた話があります。

プレアデスから来ていた連中がアトランティスの文明を作り、その頃、シリウスから地球に来ようとしていた連中を防ぐために、各地にピラミッドを建てた。

そのときに、ピラミッドの上のキャップストーンがネットワークを張って、磁気的なバリアになるようにしました。

そのため、シリウスからは直接、地球に念波を送ってくることができなくなっていました。

そこで、アシュターが司令官として宇宙艦隊を率いて物理的に地球までやってきて、最初に降りたのがアフリカ大陸だったそうです。

アフリカでは、まだ人間には入れる状態ではなかったのですが、唯一入れたのが、ライオンだったんです。ライオンの姿でハトホルの御神事などをすることで、キャップストーンで作ったアトランティスのネットワークを破り、シリウスから直接念波を送ることができるようにしました。

そのうち、人間の状態が整ってきたので、ライオンは止めて人間に入るようになったのです。

だから、宇宙から来た者たちは、ライオンと人間の両方に入っている時期がありました。ピラミッドの前のスフィンクスは、顔が人間で身体がライオンですが、そうしたことが表されているといいます。

ハトホルの秘儀とか、祝の神事がピラミッドとスフィンクスの間で行われていたという言い伝えも、そういう意味が込められていたというように教えてくれました。

浅川 そういうこともあったのかもしれませんね。ワイタハの人も、5000年前にアフリカからニュージーランドに渡ってきたというんですから。

保江 やはり、アフリカなんですね。

浅川 そうです。

保江 プレアデスの人は、非常に優れた科学技術によって地球を治めました。しかし、それが行き過ぎて、アトランティス文明は滅んでしまったようですね。

浅川 なにをしてそうなったんですか。

保江 アトランティス文明では科学技術をものすごく重要視していましたから、今よりずっと発達した科学技術文明があったんですが、それが暴走してしまったのです。

そうした科学技術を神だと崇めるようになってしまって、そのせいで心のバランスが狂い、殺し合いまでもやるようになってしまいました。

結局、神様がリセットスイッチを押したので、一晩にして滅びたといいます。

浅川 なるほど。ただ、私が聞いているのと、ちょっと違いますね。
アトランティス文明の前に、レムリア文明があったことはご存知ですよね。

保江 はい、存じています。

浅川 一般的にはムー文明という言い方もされているようですが、ムー大陸の文明は、レムリア文明というのが正しいようです。ムーは大陸の名前で、文明がレムリアですね。

最初は、シリウスからプレアデス経由でやってきた人々によってレムリア文明が栄えていたんです。それは、半分5次元のような3次元のような、精神レベルの非常に高い素晴らしい世界だったようです。

そこに、オリオン座の3次元世界から地球を我がものにしようと狙ってきた連中がいたんですよ。

しかし彼らは、レムリアに太刀打ちができなかった。でも、オリオン人はずるいから、平伏したような態度でレムリア人に仕えながら、だんだんとレムリア文明の中枢に入り込んでいったんです。

最終的にはレムリアを滅ぼし、アトランティス文明を作りました。ところが、そのアトランティスも、最終的には自らが作った原爆や水爆で滅びることになったというのが私の考えです。

保江　プレアデスではなく、オリオン座から来たんですね。

浅川　はい。シリウスやプレアデスから来た人々はレムリア文明を作ったのです。そして、その文明を滅ぼしたのが、アトランティス人だったのです。

その結果、彼らアトランティス人たちの多くは、あまりにも醜いことをした報いを受けて滅びた後に、その魂は霊界の中の一つのエリアに閉じ込められてしまったのです。

そこは、一切の転生が許されないエリアです。そして、文明を滅ぼした罪と核兵器の恐ろしさを十分に認識するまでは、決して再生を許されなかったのです。

その後、長い歳月が過ぎた後、再び核兵器を作れるまで科学が進んだ段階で、彼らは地球に再生してきたのです。そして、彼らの多くが転生してきた先は、主にヨーロッパやアメリカだったのです。

そうした転生者の中の一部の者が、また性懲りもなく原爆を作り、水爆を作る道を選んだというわけです。我が国への原爆投下を命じたアメリカのルーズベルト大統領はその代表的な人物で、死後に彼の魂が向かった先は「地獄が天国に見える」恐ろしい世界だったのです。

今や彼の魂は存在しておらず、チリと化していることでしょう。

保江　なるほど、僕が聞いた話では、シリウスやプレアデスがオリオンにすり替わっていますね。あとはまったく同じですが。

浅川　そうですね。シリウスやプレアデス人が作ったレムリア文明は、純粋な高い波動の世界だったようです。それを滅ぼしたのがオリオンから来た人々で、彼らが作った世界がアトランティス文明だったというわけです。

彼らは、３次元世界で天下を作りたいという目的で来ていたようです。今も「闇の勢力」に属している人々は、そうした系統の人間だということを聞いています。

中国人の魂の性格

保江　フリーメイソンなどですね。

浅川　そうです。彼らが地球を再び自分たちの統治下におく上で、今一番困っているのは、人口が多すぎるということのようです。

ですから、その人口を激減させるために、「闇の勢力」が今回の新型コロナウィルス騒動を引き起こした可能性は大いにありえますね。

また、それを考えると、今回のウィルス騒動がまず最初に中国から始まったことも得心がいきます。ただ、中国の人口減らしはうまくいかなかったようですね。

それにしても、中国という国の実態はひどいものですね。それに国民一人一人の一挙手一頭足を見ていても、同じ人間とは思えないものが多々あります。

実はあるとき、「どうしてああいう民族がいるのですか」と天にお聞きしたときに教えてもらったのは、彼らも先ほど話したアトランティス人と同じように、反省と学びを必要とした魂だったので、長期にわたって霊的世界の一角に閉じ込められていたようです。

そして、もう時がないから地球で最後の学びをしなさいと、解き放たれる際に、一人一人をバラバラに散らしたら、世界中の国々がおかしくなってしまうので、一国に絞ることにしたようです。

その結果、国土が広く、一度に多くの魂を送り込んでも大丈夫な国として、中国が選ばれたということのようです。

どうしようもない連中ばかりでは、国がつぶれてしまうから、中にはきちんとした人たちもいますが、基本的にはその多くが、日本から見たら常識や倫理観に欠けている人たちですね。

天からは、「お前たちが中国についておかしいと思っていることは、彼らの魂にとって当たり前のことで、それは容易に治ることではないのだ」とも言われました。

保江　なるほど。説得力がありますね。

浅川　中国に転生した魂たちは、天の期待に沿うことなく、なんら進化をしていない。

そうした中国人が大きなカルマを背負ったのは、聖なるチベット国を滅ぼしたからです。しかも、第二次世界大戦が終わってすぐの、混乱しているときに侵攻したのだから、ずる賢い。

チベットを自分のものにして、ダライラマを追い出した。そして、大切なその国の宗教をないがしろにして、中国の考え方を押し付けてしまっているわけでしょう。

また、ウイグル自治区に対しても、チベットと同じように、非道で人権を無視した圧政を敷いている。

そんなことがいつまでも許されるわけがない。ですから、中国はこれから先、相当厳しい試練に遭遇することになっていくと思いますよ。

貧富の差がますます激しくなって、内紛が起きるでしょう。特に、貧しい方々がいつまでも黙っていない。内紛のために、大きな代償を支払うことになる、つまり、共産党政権は遠からずして崩壊して、習金平主席は地獄行きです。

けれども、そのときに困るのが、動乱から逃げようとする人々が日本に来ることですね。

また、同じようにカルマが大きいアメリカという国は、自然災害でもやられるでしょう。

これまでに私がずっとホームページに書き続けてきたように、今のアメリカはあらゆる災害に立て続けに襲われていますよね。

北は寒波と雪に、東海岸は竜巻やハリケーン、西海岸は森林火災と、もう立て続けです。そこに今回のウィルス騒動ですから、アメリカは大変です。

保江　よくわかりました。もう本当に、リセット間近なんですね。

「宇宙船天空に満つる日」に、二手に分かれる魂

浅川　もう止め立てできない、あえてしないほうがいいと思います。

もちろん、私の言うことがすべて正しいとは言えませんが、大方は間違っていないと思っています。

なまじに先延ばしをしてもらっても、かえって地獄の度合いを増すだけですから、早く卒業したほうがよさそうですね。

高次元に行けない人たちは、何十回の転生を繰り返しているのにもかかわらず、学んだものが少なくて、徳積みが足りていないいんだからしかたがない。

もうこの段階で、「人間は死んでも輪廻転生というシステムがあるから大丈夫」なんて言ってる場合じゃない。もう今は、最後のチャンスなのですから。

「宇宙船天空に満つる日」には、おそらく二手に分かれるのでしょう。

「全員、海岸のほうに行け」と政府が命令を下しても、わずかな人間だけは反対方向に行く。「お前どこに行く気だ？　そんなほうに行ったらとんでもないぞ、政府は海岸へ行けと言っているじゃないか」と。

しかし、政府の命令に従った人々を待ち構えているのは、巨大津波です。

一方、巨大母船から伝えられた場所に向かって進む人々は、集合場所にたどり着いた後、上空に停滞している母船から発せられるエネルギーを受けて、母船に向かって上昇していくことになるようです。

ただ、集合場所までたどり着けなくても、その場所に向かっている人たちはピックアップされるようですので、ご安心ください。

異星人と交流しているマウリッツオ・カヴァーロ氏も、

「宇宙船に乗ってクラリオン星に行ったときに、波動が高くなければ上がれるものではないことがわかりました」

「宇宙船が地球を周回しているときには、波動が少しぐらい低くても大丈夫。しかし、高次元の世界へ行くときには、それだけのレベルに達している人しか拾い上げられないんです」と語っていました。

どうやら、日本人1億1000万人の中で、母船に搭乗できる人の数はかなり少なそうです。なお、母船の大きさは全長が40キロもあるものがあるようですので、一つの都市と同じぐらいですね。驚きです。

母船の写真は、私の本、『超次元スターピープルの叡智 クラリオンからの伝言』（徳間書店）

にも載っていますが、それを見ていただければ相当大きいことがわかります。

実はこの写真は、もともと母船を狙って撮ったのではないんです。

北海道に、私の札幌講演会のスタッフで、ＵＦＯの写真をたくさん撮っている女性がいました。その女性が私の家を訪れた際に、

「今、清里に行って写真を撮ってきました」と言って見せてくれたのがその写真です。

そして、そこには宇宙船が２機、けっこうはっきり写っていました。

写真の隅のほうに小さな光点が写っていたので拡大してみたところ、それはなんと母船だったんです。しかも２機。母船の姿をこれだけはっきりと撮った写真は、そんなにはないと思いますよ。


さて、ぼつぼつ時間のようですので、この辺で終わりにしたいと思います。

今回は、保江先生のような高い波動をお持ちの方と、お話ができて本当によかったです。

対談本というのは語る方が出し惜しみするケースが多いので、あまりベストセラーとなることが少ないようです。

しかし今回、保江先生とこうしてお話しさせていただいたことには、大事な意味があったと思いますので、一人でも多くの方に読んでいただけることを願っております。

保江　本日は、本当に貴重なお話をうかがえて嬉しかったです。ありがとうございました。

浅川　こちらこそ、わざわざおいでいただいて、ありがとうございました。

それではお互いに、残された日々を明るく楽しく生きて、後悔のない人生を全うしましょう。

跋《ばつ》　文《ぶん》

保江邦夫

昨年の暮れが近づいた頃、明窓出版の麻生真澄社長から連絡があり、春に出版したドクター・ドルフィンこと医師の松久正さんとの対談本が好評だったので、僕の対談本としての第2弾を企画したいと告げられた。

「今のご時世では対談本は売れないのではないですか」と余計なお節介を焼いたのだが、社長さんからは、

「絶対に注目を集める素晴らしい対談相手しかお願いしませんから、どうぞご心配なく！」と逆に檄《げき》を飛ばされる形で紹介されたのが、浅川嘉富さんという人物。

聞けば、日本における、いや世界における宇宙人文明、ＵＦＯ、古代遺跡、神々との邂逅についての第一人者だとのこと。

そして、今後の対談の第3弾、第4弾のお相手としては愛の脳内ホルモン「オキシトシン」研究の世界的権威である医師の高橋徳さん、同じく医師で胎内記憶や前世記憶を宿す子供の研究で知られる池川明さんを予定しているとも。

後者お二人のお医者さん方については、むろんお名前もご著書も存じ上げていたのですぐに納得したのだが、前者の方については恥ずかしながらお名前すらまったく知らなかったという

のが実状だった。

しかし、明窓出版の社長さんが一押しで、お二人の高名なお医者さんよりも先に対談相手として選ばれたわけだから、そこには当然ながらなんらか大きな理由があるに違いない。ひょっとすると、人生のほとんどを単なる理論物理学者として過ごしてきた世間知らずの僕が知らないだけで、実は世に知れ渡っている大御所なのかもしれない。

そう思って対談日を待っていた昨年末のある日のこと、僕の道場にも講演会にも足繁く通ってきてくれる真面目な男性に、

「今度、浅川嘉富さんと対談のために山梨県まで行くことになった」と告げた瞬間、驚いて目を見開いた表情のまま彼は僕に向かってこんな台詞《せりふ》を吐き出してきた。

「え、えっ、えー!! 遂に浅川先生と対談をなさるまでにおなりになったのですね!!! もう、そこまで登り詰められたのですか!!!! いやー、素晴らしいことです。おめでとうございます!」

それを聞いた僕は、素っ頓狂な声を出してしまう。

「え、浅川さんって、そんなに偉い人なの?!」

すると、その男性は真剣な表情で眼力をより強くしながら答えてくれた。

「当たり前ですよ! 浅川嘉富先生は、他の著者連中とは雲泥の差があるお方で、世界中の神秘スポットに実際に足を運んで徹底的に調査した貴重な成果を惜しみなく公表されてこられ

たのですから‼　浅川先生に比べたら、最近世間で有名になっている神秘研究者や霊能力者なんて皆、赤ん坊みたいなものです‼!」

そう、対談相手の浅川嘉富さんは、ホンモノの大御所だったのだ。

幸いにも初めてお目にかかる対談日の前にその事実に気づくことができた僕は、残された準備時間のほとんどを浅川さんの著作に目を通すことに費やすことで、対談当日に大恥をかく心配だけは払拭することができた。

こうして、今年の1月末の雪降る日のこと、小淵沢の浅川さんの事務所から八ヶ岳を望みながら6時間を費やし、本当に貴重な事実の数々を惜しみなく教えていただくことができたのだ。

その濃密な時間の中で終始感じていたのは、目の前に存在する対談相手は「知の巨人」と呼ばれてマスコミにチヤホヤされてきた単なる脳神経肥大者などではなく、すべてをご自分の精神と肉体を極限にまで酷使して世界中の秘蹟を探検し、全身全霊を傾けてその解明に邁進してきた「行動知の巨人」だということ。

長年にわたるその行動実績を背景にした浅川さんの言葉の重みを実感し続けた6時間、いわゆるスピリチュアルカウンセラーやチャネラーなどと称して虚言で人々をだまし続けている無責任世代のみならず、学界の大御所や政治家の御用学者といった権威にしがみついて真実を隠《いん》蔽《ぺい》している老人世代をも、一刀両断でその無責任さをスカッと批判してくださる。

その心地よい時空に身を委ねていたとき、僕は心の奥底でこれまで決して入れられることのなかったスイッチがカチッと入ったことを感じ取っていた。

それまでは、理論物理学者としての僕の目から見て嘘や誤解としか思えないいい加減な主張を続けているスピリチュアル系の講演や著作で有名になった人物がいても、単に無視していたのだった。

ところが、そのスイッチが入った瞬間から、僕ももう無駄な遠慮はやめることにしたのだ。

そう、量子物理学や量子論に関する一般向けの解説本に羅列されている専門用語を勝手に都合よく解釈し、単語を無為に並べるだけでご自分の無茶苦茶な主張を正当化している愚かな輩を見つけたなら、浅川流一刀両断の憂き目にあわせてしまう決意と覚悟が生まれたわけ。

その意味で、今回の素晴らしい対談の成果は、現世における僕自身の存在理由をまた一段とレベルアップしてくれたことだ。

浅川嘉富さんと麻生真澄さんには、心より感謝したい。

令和弐年五月吉日

南極海に浮かぶ氷山

南極のジェンツーペンギンの親子

北極点に立つ

ホッキョクグマ

浅川先生自宅の書斎にて

（左）浅川嘉富先生　（右）保江邦夫先生

浅川嘉富《あさかわよしとみ》・保江邦夫《やすえくにお》 令和弐年《れいわにねん》天命会談《てんめいかいだん》
金龍様最後《きんりゅうさまさいご》の御神託《ごしんたく》と
宇宙艦隊司令官《うちゅうかんたいしれいかん》アシュターの緊急指令《きんきゅうしれい》

浅川嘉富《あさかわよしとみ**　**》　保江邦夫《やすえくにお》

明窓出版

令和弐年六月十五日　初　刷発行
令和弐年六月二十日　第二刷発行

発行者――麻生 真澄
発行所――明窓出版株式会社
〒一六四―〇〇一二
東京都中野区本町六―二七―一三
電話　（〇三）三三八〇―八三〇三
FAX（〇三）三三八〇―六四二四

印刷所――中央精版印刷株式会社

ISBN978-4-89634-418-9

著者プロフィール

浅川　嘉富（あさかわ　よしとみ）

地球・先史文明研究家。

1941 年生まれ。東京理科大学理学部卒業。

大手損害保険会社の重役職をなげうって、勇躍、世界のミステリースポットに向け、探求の旅に出る。

その成果は、『謎多き惑星地球《このほし》（上・下巻）』や『恐竜と共に滅びた文明』（共に徳間書店刊）、『2012 年アセンション最後の真実』（学習研究社）、『龍蛇族直系の日本人よ！』『世界に散った龍蛇族よ！』『［UFO 宇宙人アセンション］真実への完全ガイド』（以上ヒカルランド）などにまとめられている。

ホームページ：http:www.y-asakawa.com

保江　邦夫（やすえ　くにお）

1951年、岡山県生まれ。理学博士。専門は理論物理学・量子力学・脳科学。ノートルダム清心女子大学名誉教授。湯川秀樹博士による素領域理論の継承者であり、量子脳理論の治部・保江アプローチ（英:Quantum Brain Dynamics）の開拓者。少林寺拳法武道専門学校元講師。冠光寺眞法・冠光寺流柔術創師・主宰。大東流合気武術宗範佐川幸義先生直門。特徴的な文体を持ち、45 冊以上の著書を上梓。

最近の著書としては、『人生がまるっと上手くいく英雄の法則』『ＵＦＯエネルギーとＮＥＯチルドレンと高次元存在が教える地球では誰も知らないこと』『祈りが護る國　アラヒトガミの霊力をふたたび』（すべて明窓出版）他、多数。

UFOエネルギーとNEOチルドレンと高次元存在が教える
～地球では誰も知らないこと～

大反響!!

本体価格：2,000円＋税

「はやく気づいてよ大人たち」子どもが発しているのは
「UFOからのメッセージそのものだった！」

超強力タッグで実現した奇蹟の対談本！

Part1 向かい合う相手を「愛の奴隷」にする究極の技

対戦相手を「愛の奴隷」にする究極の技／龍穴で祝詞を唱えて宇宙人を召喚／「私はUFOを見るどころか、乗ったことがあるんですよ」高校教師の体験実話／宇宙人の母星での学び―― 子どもにすべきたった1つのこと

Part2 ハートでつなぐハイクロス（高い十字）の時代がやってくる

愛と調和の時代が幕を開ける ―― 浮上したレムリアの島!／ハートでつなぐハイクロス（高い十字）の時代がやってくる／パラレルの宇宙時空間ごと書き換わる、超高次元手術／あの世の側を調整するとは―― 空間に存在するたくさんの小さな泡／瞬間移動はなぜ起こるか―― 時間は存在しない／松果体の活性化で自由闊達に生きる／宇宙人のおかげでがんから生還した話

Part3 UFOの種をまく＆ 宇宙人自作の日本に在る「マル秘ピラミッド」

サンクトペテルブルグのUFO研究所―― アナスタシアの愛／UFOの種をまく／愛が作用するクォンタムの目に見えない領域／日本にある宇宙人自作のマル秘ピラミッド／アラハバキの誓い―― 日本奪還への縄文人の志／「人間の魂は松果体にある」／現実化した同時存在／ギザの大ピラミッドの地下には、秘されたプールが存在する（一部抜粋）

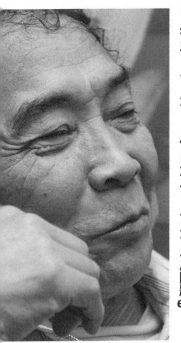

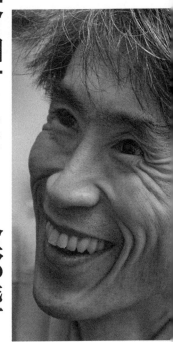

スターピープルはあなたのそばにいる
アーディ・クラーク博士のUFOと接近遭遇者たち 上下

アーディ・S・クラーク（著） 益子 祐司（翻訳）
本体価格 各1500円+税

「気をつけて下さい、
異星人には
友好的な
ヒューマノイドと、
地球人を誘拐する
生命体がいます」

本作で明らかになる あなたが知らない
異星人の本当の姿とその目的とは

宇宙から飛来した天空人たちを祖先に持ち、太古の昔から交流してきた先住民族インディアンが、同じ部族の血を引く大学教授の女性アーディにだけ明かした

地球人類への緊急提言！

愛と調和と環境保護のメッセージを伝えてくる宇宙存在の言葉の裏に隠された、**あなたを自在に操ろうとする意図**を見抜き、**その影響を受けない方法をインディアンが伝授します**。そして私たちが真に歩むべき未来への指針を示す本物の〝**星々の友たち**〟の素朴で優しい素顔を伝えます。